Zhonghuaxingmingsijiaomajiegoushi

中華姓名四角碼結構式

李城華　著

白象文化事業有限公司

Elephant White Cultural Enterprise Co., Ltd.

國家圖書館出版品編目資料

中華姓名四角碼結構式／李城華 著. 一初版. 一臺中市：
白象文化，2016.07　　18.7x26 公分
ISBN 978-986-358-330-1　（平裝）
1. 四角號碼　2. 結構式　3. 姓名
019.5　　　　　　　　　　　　105002651

中華姓名四角碼結構式

作　　　者　李城華
專案主編　陳逸儒
出版經紀　徐錦淳、林榮威、吳適意、林孟侃、陳逸儒、蔡晴如
設計創意　張禮南、何佳諠
經銷推廣　李莉吟、莊博亞、劉育姍、李如玉
行銷企劃　黃姿虹、黃麗穎、劉承薇
營運管理　張輝潭、林金郎、曾千熏
發 行 人　張輝潭
出版發行　白象文化事業有限公司
　　　　　402台中市南區美村路二段392號
　　　　　出版、購書專線：（04）2265-2939
　　　　　傳真：（04）2265-1171
　　　　　網址：http://www.pcstore.com.tw/elephantwhite/
印　　　刷　普羅文化股份有限公司
規　　　格　18.7x26 cm
印　　　張　100張
字　　　數　35千字
初版一刷　2016 年 7 月
書　　　號　ISBN 978-986-358-330-1
定　　　價　220 元

前言

　　《中華姓名四角碼結構式》是每一個中國家庭必備的起名、命名、編制家譜的家用讀物。

　　姓名，中國人之所以成爲中國人的漢字符號，它不僅僅是長輩、父母給我們每一個中國人的生命符號，而且是中國人與人之間區別的漢字符號。它不僅僅是易經、八卦、算命先生、測字先生、姓名學專家的職業，它更是每一個中國人、特別是每一個中國男人應具備的生活技能。

　　姓名習俗、姓名文化是漢字文化的重要構成部分。姓名學是遺傳學、文化人類學的一個重要分支，它將中國人姓名習俗和姓名文化上升爲理性研究的對象，同時，成爲歷史學、斷代史、口述歷史的基礎性學科。每一個人是不同的、每一個人的行爲邏輯是不同的、因爲每一個人的思維方式是不同的。然而，由於"四二一"的家庭結構、一個時代的文化使然，同名同姓、二字姓名、三字姓名就將不同的個人、不同的行爲邏輯、不同的思維方式混爲模糊不清的社會現象。這種現象就給社會學、公共關係學、法律、遺傳學、民族學、文化人類學以及人們的日常生活造成了難以克服的困境。

　　中華姓名四角碼結構式是在中國人熟悉的領域給中國人一個不了解的空間，這個空間又是中國人不得不進入的空間。到底爲什麼要進入這個空間，怎樣進入這個空間，進入到這個空間又有什麼意義？中華姓名四角碼結構式都會個您一個全新的視角。在您以全新的視角進入到這個空間後，您不僅學會了中國人之爲中國人的技能，而且，您也知道了中華民族之成爲一個民族的基本構成要素。

作者與讀者在出版物面前是平等的

預留 1：1 的空白，讀者可以在閱讀《中華姓名四角碼結構式》的同時，在空白處學會命名技能，練就家譜編輯、創編、轉位技術。

或者您將您想說的話就寫在這些空白處。

目錄

上篇

中華姓名四角碼結構式本體篇

定義一

中華姓名四角碼結構式，即中華民族姓名四角碼結構式，或華族姓名四角碼結構式。

"中華"是地理、人文、社會、政治、法律、經濟、歷史、文化等日常生活領域的廣泛性概念。從地理學的範疇講，指的是地球上的某一地域。"民族"，是民族學、文字學、語言學、人類學概念，指的是具有共同地域、共同歷史、共同文字和血緣認同感的群體。"中華民族"指的是發祥於庫頁島及其以西，南沙群島及其以北，喜馬拉雅山、昆侖山、天山、阿爾泰山及其以東，外貝加爾湖、鮮卑利亞及其以南地域、具有本體漢字認同、地域認同、血緣認同、歷史情感和傳統認同感的多族群的共同體。"多族群"，指的是中華民族共同體內、歷史延續下來的 56 個的族群、以及其他族群。又稱中華民族的 56 個族群，或中華民族的多族群。

　　所以，中華民族是 56 個族群或多族群的共同體。中華民族概念，在文化人類學、民族學、姓名學範疇是血緣概念。中華民族概念在政治學、國家學說、國際法裡是中國國家概念。中華民族概念，在國家學說、法律、政治、經濟、時事、文化人類學、民族學、姓名學，以及日常生活中均簡稱爲“華族”。“姓名”是姓名學、文化人類學、遺傳學概念，指的是不同自然人的稱謂符號資訊（信息）。“四角碼”，指的是不同自然人稱謂符號的四大類信息（資訊）。“四大類信息（資訊）”，指的是以父性血緣爲依據的自然人的**姓·氏·排·名**符號所存儲的信息（資訊）。

　　中華姓名四角碼結構式，又稱華族姓名四角碼結構式，或中華姓氏四角碼結構，是中華民族姓名四角碼結構式的簡稱。指的是用**姓·氏·排·名**符號，通過四角碼鏈接，表示姓名結構中各要素缺一不可的排列順序和結構方式，反映中華民族的家、家族、氏族、族群、民族的結構和血緣關係。以下簡稱“四角碼”，或“四角碼結構式”。

　　中華姓名四角碼結構式中出現的血緣、血脈、血統、祖宗、祖、性、宗爲同義概念。

定義二

"**姓** xing"，祖宗血緣稱謂符號，是家族稱謂符號。指父系血緣在姓名學、遺傳學意義上的區別。是橫向區別父系血緣的差別性。是從姓名學、遺傳學意義上區分祖宗血緣的惟一性。即，李姓血緣與趙姓血緣、李姓祖宗與趙姓祖宗的差別性。中國姓隨男，從遺傳學角度講，只有男性具有 Y 染色體， Y 染色體只能在同姓的男性中遺傳給後代，一般而言，具有同姓的人群也就具有同樣類型的 Y 染色體以及所攜帶的遺傳基因。很多遺傳疾病只在同樣姓氏的人群中傳播。姓與人類遺傳基因直接關聯，是連接文化遺傳和生物遺傳的一座橋樑。

在四角碼結構式中，姓符號由個體自行決定，一般傳承祖宗的姓符號。可用藏漢、閃含、印歐、高加索、烏拉爾、阿勒泰、達羅毗荼、南亞馬來—玻利尼西亞等語言語系的文字；也可以自行創制文字。不論使用那種語言文字，只要能用方塊本體漢字書寫、能按中文拼音方案拼讀，能記錄家、家族起始、祖宗血緣根源之所在的文字都可以作爲姓符號文字。例如，張姓是這樣記錄家、家族起始、祖宗血緣之根源的：《元和姓纂》記載，"黃帝第五子青陽生輝，爲弓正，觀孤星，始制弓矢，主祀張星，因姓張氏"，因此張姓源於黃帝，是黃帝的後代。張姓自漢代開始逐漸增多，與當時道教的興起與流行有關，當時有"黃帝賜姓張氏"的説法。道教領袖張角、張魯是張姓的名人。

姓稱謂符號，可用一個字、兩個字、多個字；可多樣化、神秘化、感性化、理性化、抽象化、象形化、藝術化、美學化、象徵性、

暗示性、宗教性、土俗性等等，在姓名學上就是一個能代表祖宗血緣的本體漢字姓符號！至於個人認爲有什麼信仰性、有什麼象徵性、能代表什麼意義，則是隱私的事。姓符號具有生物遺傳學、社會姓名學和法學意義的嚴格排他性，此血緣與彼血緣是不同的。中國傳統姓名文化中的"尊號"、"族號" 就是姓符號，是四角碼結構式的緯線。

圖一：

血緣符號緯線

$$(a_1, \quad a_2, \quad \cdots\cdots a_n)$$
$$A, \quad B, \quad \cdots\cdots N$$

———→

———→：血緣符號緯線。表示中華民族的不同族群、同一族群的不同氏族、同一氏族的不同家族、同一家族的不同家庭的姓符號同根同源發祥於中華大地。是漢字同一，血緣同一在姓符號上的表現。漢字同一，指的是本體漢字是非拼音文字、方塊字形體；血緣同一，指的是中華民族所有的姓符號都是源於中華大地。

A，B，……：血緣符號的多樣性。例，A表示"李姓"血緣符號，B表示"劉姓"血緣符號，……等等，是血緣符號的多樣性。

中國現在的姓符號共有 4100 個。《百家姓》收集的姓符號爲504 個，其中單姓 444 個，複姓 60 個。《姓氏》文獻記載的姓符號 5660 個，其中單姓的 3484 個，複姓的 2030 個，三字姓 146 個。

不論是 504 個、4100 個，或是 5660 個，表明的是中華姓符號的多樣性、豐富性。

N：血緣符號的無限性。不論是 504 個、4100 個，或是 5660 個姓符號，都不是中華姓符號多樣性的終結。這些統計不包括沒有上書的姓。例如難姓（nang，去聲），這個姓符號是南北朝時鮮卑人的姓，"難"本是一種鳥的名字，當時的鮮卑人崇尚鳥類，把"難"這種鳥作為人的姓符號。"難"姓隨鮮卑北遷到松花江一帶，松花江也就改名成"難江"，後來，這些姓"難"的鮮卑人又遷徙到朝鮮半島。"難"姓在韓國人看來，就是自己的根。河南曾出土過一塊南北朝時期的石碑，記載一個鮮卑族群官員的事蹟，他的名字叫"難樓"；以及四字姓五字姓；明清移居中原的蒙古、滿人譯改的姓；外國人譯音的姓；自創的姓等等。像這些沒有記錄進統計數的姓，還有很多很多。表明的是姓符號的無限性。

a1，a2，……：表示有多個血緣個體在使用同一姓符號，是同姓異祖異宗異血緣的稱謂符號。例如，李姓是中國的第一大姓，占人口總數的 13%，約 1.82 億人姓李。是不是所有的李姓都是同一個祖宗呢？不是！就算在世的李姓平均每 100 個人一個祖宗，1.82 億李姓個人就有 182 萬個祖宗。按每 1000 個人一個祖宗，1.82 億李姓個人就有 18.2 萬個祖宗。這就是日常生活中同姓異祖異宗異血緣現象，俗話說的"同姓不同宗"現象。這是民族融合統一，漢字同一，血緣同一，文化、習俗、宗教、信仰多樣性表現。

an：同姓異祖異宗異血緣符號的多樣性。就算李姓有 182 萬個祖宗，或 18.2 萬個祖宗，是不是李姓的 182 萬個祖宗，或 18.2 萬個祖宗就終結了呢？不是的！李姓在上古母系時代是"嬴"姓，也就是說在李姓符號中，有一部份姓李的祖宗可能和秦始皇是

17

同一血緣同一脈的祖宗。春秋時期流行以官位作姓，道家學說的創始人老子李聃因祖輩爲禮官，遂以"禮"爲姓，後諧音爲"李"，也就是說在李姓符號中，有一部份姓李的祖宗可能和老子李聃是同一血緣同一脈的祖宗。唐初時李世民將李姓賜給了開國元勳，徐、邴、安、杜、胡、弘、郭、麻、鮮于、張、阿布、阿跌、舍利、董、羅、朱邪共 16 姓，也就是說在李姓符號中，有一部份姓李的祖宗可能和這 16 個姓是同一血緣同一脈的祖宗。後魏時期，鮮卑的複姓也改成李姓，也就是說在李姓符號中，有一部份姓李的祖宗可能和鮮卑的複姓是同一血緣同一脈的祖宗。等等。這就是同姓異祖異宗異血緣符號的多樣性。

姓符號有多樣性、無限性，有大姓、有小姓，李姓是大姓有 1.82 億人、難姓是小姓有 2000 人。但是他們都是同根同源的關係，是平等地生存於中華大地上的中國人。血緣符號**"緯線"**表示的是姓符號平等、血緣平等、人格平等的關係，姓符號就給予了姓名文化以定性的精確性。

"氏 shi"，血緣代紀稱謂符號，或血緣輩分、字輩稱謂符號。是同姓稱謂符號同一血緣的不同輩分倫理關係，是異姓稱謂符號的同血緣倫理輩分關係，是同一血緣上一代與下一代之間的倫理輩分關係。是縱向區分同姓同祖同宗同血緣、同姓異祖異宗異血緣、異姓同祖同宗同血緣的血緣關係。是同宗的代紀區別性，是同一祖宗的不同代紀、不同輩分、字輩的區別性。

是同姓不同祖不同宗不同血緣的區別性。是異姓同祖同宗同血緣的區別性。中國傳統姓名文化中的"字輩""輩分"就是四角碼結構式的氏符號，又稱爲代紀符號。"氏"符號概念，在四角碼

結構式中具有兩重意義：一是、區分同姓不同祖不同宗不同血緣的關係。同為李姓，可能有 182 萬個祖宗，或 18.2 萬個祖宗。僅僅從李字、李姓上誰知道誰是誰的祖宗？都是同姓，你就很難從姓符號上區分不同的祖宗。四角碼結構式的"氏"，指的是不同家族有不同的祖宗、有不同的輩分，就是同一姓符號、同一輩分、也可能是不同祖宗，在四角碼結構式中就要使用不同的氏符號。通過不同的氏符號，從縱向上區分同姓不同祖不同宗不同血緣的遺傳學關係。所以，氏符號首先是輩分、字輩符號、代紀符號，是同一祖宗同一血緣的不同輩分、不同字輩、不同代紀；同時，通過氏符號從縱向區分同姓不同祖不同宗不同血緣關係。

氏符號沒有傳統姓氏文化習俗中姓的意義——不論是先秦時期的男性姓符號，或是秦以來的女性姓符號。四角碼結構式的"氏"僅僅是一個輩分、字輩，同一血緣的代紀符號，或者是同姓不同祖不同宗不同血緣通過代紀區分的符號。但是，氏符號又繼承了傳統姓名文化中關於性、祖宗、血緣、血親、承繼的內涵。二是、區分異性同宗關係。女兒嫁出去了，他生的又是女兒；因為種種原因，將自己的兒女過繼給他人或社會撫養，你都應該將自家的姓符號和氏符號交給自己的兒女。這是一種責任，又是遺傳學與社會學的要求。因為人是社會的人。

"氏"在秦以前是男性的姓符號，"姓"才是女性的姓符號。秦始皇是隨母姓"贏"。這種習俗從母系社會一直延續到秦始皇統一中國。許慎在《說文解字》中說，"姓"人所生也，從"女"、從"生"。姓"這個漢字是由"女"與"生"兩部份構成。

"女"、"生"就是生母。人的命是由"生母"帶來的，人的"姓"也就要從"生母"，即生母姓什麼，子女就姓什麼。所以，

"姓"產生於母系社會。"姓"字反映了母系社會特點：同一個生母的幾代子孫生活在一起，由這個血緣關係組合成的原始集體就是氏族。"氏族"這個名稱是後人命名的，氏者姓，族即同類的群體，氏族就是同母姓同母祖宗的大家族。

《通志‧氏族略序》：三代之前姓氏全而爲二，男子稱氏，女人稱姓，氏可以別貴賤，貴者有氏，賤者有名無氏。姓可以別婚姻，故有同姓、異姓、庶姓之別，氏同、姓不同者，婚姻可通；姓同、氏不同者，婚姻不可通‧三代之後姓氏合而爲一。

秦以後，這種習俗就顛倒過來了，"姓"成爲男性的姓符號，"氏"則成爲女性的姓符號。秦始皇姓"贏"，隨母姓，他的後代姓"秦"，就不隨母姓，因爲他的生母可能是身分低下的奴隸。皇帝的長子隨母姓，怎麼能繼承皇位呢？這種觀念從主導性的權力機關產生，形成主流的意識形態觀念，擴展到全國，到漢朝時"姓"爲男性的姓符號，"氏"爲女性的姓符號觀念，基本上就成爲全社會姓氏習俗的主導觀念。今天的姓氏習俗基本上延續了秦漢以來的姓氏習俗主導觀念。例如，馮氏富珍，指的是一位姓馮的女性。

姓氏是"姓"與"氏"的合稱。古人先有姓氏，後有名號。據《左傳‧隱公八年》：無子建德，因生已見易姓，胙之土而命之氏。男子生而隨母有其姓，後才有自己的名字。母姓和自己的名字就是"姓氏"。現在，有些少數族群和外國的姓氏結構與中國古代的姓氏文化近似，有本名＋母姓，本名＋父姓，或本名＋母姓＋父姓的姓氏結構現象，例如，中華民族的維吾爾族群、哈薩克族群等。

法國人的姓氏結構通常爲三段：本名＋母姓＋父姓。英國，姓氏比較穩定，其來源主要有直接借用教名，或在教名上加上表示血統關係的詞綴來表示某某之子或後代，還有在教名前附加表示身分

的詞綴。還有反映地名、地貌或環境特徵的，以及反映身分或職業的，後來出現了由雙姓合併而來的姓氏。王室，則採用"愛德華"作為姓氏，後來出現了 "溫莎"姓氏。

歐洲大陸，通常是用出生地作為姓氏符號標誌。

這些姓氏習俗和文化，均沒有縱向（氏）輩分倫理關係、也沒有橫向（排）排行順序關係。

中華姓名四角碼結構式中的"**氏**"概念承繼了中國傳統姓氏文化中關於性和血緣的含義，偏義於承繼、輩分、字輩、代紀，指的是同一血緣、同一祖宗的不同代紀、輩分，由此區分同姓不同祖不同宗不同血緣的倫理和法律關係。

由於文字、歷史、政治、經濟、文化、習俗、信仰等的多種原因，同姓稱謂不能完全區分不同的父性。也就是說無數的父性可以使用同一姓符號稱謂。例如，鮮卑族群、山苗族群、契丹族群的李姓，因其血緣因素、古代政治賜姓因素、民眾吉祥心理因素、民間口語因素、族群遷徙因素等，古蒙古族群、古突厥族群、古羌族群、古彝族群、古朝鮮族群等族群的稱謂，由原姓符號改為"李姓"符號的不少。

現有 1.83 億人姓李，成為中華民族的第一大姓，使同姓符號稱謂有了不同的血緣、不同的祖宗。這種同姓不同血緣、同姓不同祖宗的姓名學現象，廣泛存在於中華民族的各族群中，即，1.83億個李姓，廣泛存在於中華民族的各族群中。例如，20 世紀 90 年代有三個李鵬很出名：一個是國務院總理李鵬、一個是新聞記者李鵬、一個是犯搶劫罪在監獄服刑的李鵬。三個李鵬，顯然不是同一個人，顯然是三個不同的人，顯然是三個不同祖不同宗不同血緣關係的三個人。但是，僅僅從"李鵬"這個字面上，你就很難分清楚

哪個李鵬是那個李鵬。通常的情況是在"李鵬"這個姓名前加定語和通過不同的定語來區分不同的李鵬。就是在姓名前追加不同的定語來區分同姓名的不同個人。這是一件很麻煩的事，因爲任何人都不可能在任何條件下都能準確地使用與這個姓名完全吻合的定語、語境、語氣、語態和上下文，很容易造成表達、理解和法律的誤解。這就是傳統姓名文化習俗中不能解決的同姓異祖異宗異血緣現象。

同姓異祖異宗異血緣姓名學現象，在戶籍身分證管理上則是通過"不同省代碼＋不同市代碼＋出生年月日＋隨機編號"來區分001 號李鵬、002 號李鵬、003 號李鵬的。這是從管理的專業角度區分姓名學中顯現的同姓同名現象。

因爲歷史和文化的變遷，一些家庭的家譜遺失，或原本就沒有家譜，或因特殊的需要而規避家譜；一個時代又時尚二字姓名。假如，002 號李鵬和 003 號李鵬，他們在幾代以前是同源的堂兄弟，假如，001 號李鵬和 003 號李鵬，他們在幾代以前是同源的表兄弟，數字管理就起不了什麼作用。也就是說，數字管理解決的是姓名學中顯現的同姓同名現象，不能解決姓名學中隱性的同姓不同祖不同宗不同血緣的遺傳學現象。

所以，僅僅從單一的姓符號和數字編碼中難以區分不同的血緣關係！而父姓血緣關係又是不得不區分的遺傳學、社會學、法學現象。四角碼結構式研製出一份本體漢字《代紀符號表》。

《代紀符號表》又稱《氏符號表》，一祖一宗一血緣一份、一字一代、一代一符號、世代相傳、永久保存，就可以從縱向區分同姓異宗、異姓異宗、異姓同宗的血緣關係。

圖二：

代紀符號表（氏符號表）

1 109	2 110	3 111	4 112	5 113	6 114	7 115	8 116	9 117	10 118	11 119	12 120
高	帝	祖	邦	惠	盈	後	呂	雉	文	恒	元
Gao	Di	Zu	Bang	Huei	Ying	Hou	Lu	Zhi	Wen	Heng	Yuan
13 121	14 122	15 123	16 124	17 125	18 126	19 127	20 128	21 129	22 130	23 131	24 132
景	啓	中	武	徹	建	光	朔	狩	鼎	封	初
Jing	Qi	Zhong	Wu	Che	Jian	Guang	Shuo	Shou	Ding	Feng	Chu
25 133	26 134	27 135	28 136	29 137	30 138	31 139	32 140	33 141	34 142	35 143	36 144
太	天	漢	始	征	鶴	昭	馥	陵	風	平	地
Tai	Tian	Han	Shi	Zheng	He	Zhao	Fu	Ling	Feng	Ping	Di
37 145	38 146	39 147	40 148	41 149	42 150	43 151	44 152	45 153	46 154	47 155	48 156
節	康	神	爵	甘	露	煌	龍	宣	詢	奭	永
Jie	Kang	Shen	Jue	Gan	Lu	Huang	Long	Xuan	Xun	Shi	Yong

49 / 157	50 / 158	51 / 159	52 / 160	53 / 161	54 / 162	55 / 163	56 / 164	57 / 165	58 / 166	59 / 167	60 / 168
競	寧	成	驁	河	陽	鴻	嘉	延	緩	靄	欣
Jing	Ning	Cheng	Ao	He	Yang	Hong	Jia	Yan	Huan	Ai	Xin
61 / 169	62 / 170	63 / 171	64 / 172	65 / 173	66 / 174	67 / 175	68 / 176	69 / 177	70 / 178	71 / 179	72 / 180
壽	衎	新	儒	子	嬰	旺	莽	攝	政	居	國
Shou	Kan	Xin	Ru	Zi	Ying	Wang	Mang	She	Zheng	Ju	Guo
73 / 181	74 / 182	75 / 183	76 / 184	77 / 185	78 / 186	79 / 187	80 / 188	81 / 189	82 / 190	83 / 191	84 / 192
黃	更	玄	曲	秀	明	莊	水	章	炟	肇	興
Huang	Geng	Xuan	Qu	Xiou	Ming	Zhuang	Shuei	Zhan	Da	Zao	Xing
85 / 193	86 / 194	87 / 195	88 / 196	89 / 197	90 / 198	91 / 199	92 / 200	93 / 201	94 / 202	95 / 203	96 / 204
姍	隆	安	祐	順	鮑	沖	炳	質	纘	本	桓
Shang	Long	An	Hu	Shun	Bao	Chong	Bing	Zhi	Zuan	Ben	Huan
97 / 205	98 / 206	99 / 207	100 / 208	101 / 209	102 / 210	103 / 211	104 / 212	105 / 213	106 / 214	107 / 215	108 / 216
梓	熙	獻	燮	曹	辰	睿	欽	齊	芳	正	貴
Zhi	Xi	Xian	Xie	Cao	Chen	Rui	Qin	Qi	Fang	Zheng	Gui

　　四角碼研製的《代紀符號表》又稱《氏符號表》，每份《代紀（氏）符號表》108 個本體漢字，108 個本體漢字是 108 個氏符號、是 108 個代紀符號，阿拉伯數字爲"代紀"編號，中文拼音方案注音。一字一音節，一個字是同祖同宗同血緣同一代人的（氏）符號、代紀符號指稱，表徵的是同祖同宗同血緣關係的不同一代人，每一代人都有一組相應的阿拉伯數字代表你是這一祖這一宗這一血緣關係的第幾代。

　　108 個本體漢字在進入《代紀（氏）符號表》以前，四角碼研究中心已經將中國人特別忌諱的字，精選出《代紀（氏）符號表》字庫。108 個本體漢字的字義在"代紀符號表"裡，沒有字本身的意義。至於這份"表"的使用者，自己要給這個"表"裡的每一個代紀氏符號本體漢字賦予自定的意義，那是使用者本人的權利，是極其隱私的事兒。《代紀（氏）符號表》裡的每一個本體漢字，僅代表同祖同宗同血緣的同一代人，是同祖同宗同血緣的代紀（氏）輩分符號。例如，"高"字是同祖同宗同血緣的第 1 代人的輩分（氏）符號稱謂，爲高（字）輩分、高（字）代、高（字）字輩；"貴"字是同祖同宗同血緣的第 108 代人的輩分（氏）符號稱謂，爲貴（字）輩分、貴（字）代、貴（字）字輩。在 108 個（氏）輩分符號本體漢字裡，不能有重複的字。

　　即，在同一份《代紀（氏）符號表》裡，不論使用那種語言語系的文字，絕不能出現兩個同樣書寫的漢字、文字。108 個漢字代表的是同祖同宗同血緣 108 代人的輩分、代紀、字輩、氏符號，代表的是同祖同宗同血緣的 108 代人，所以，在同祖同宗同血緣的 108 個本體漢字代紀（氏）輩分符號稱謂裡，絕不能出現同樣的本體漢字，或其它同字型的文字。

《代紀符號表》使用本體漢字，是因爲本體漢字數量大、每一個本體漢字儲存的信息量大，每一個字的字形體差異大，不可能出現近形的漢字。在中華姓名四角碼結構式裡使用本體漢字，不僅能清晰地區分代紀、輩分、字輩關係，而且，能很好地鍛煉使用本體漢字人群眼腦手的協調能力和獨特的思維能力。

這是一個家族輪回的代紀稱謂符號表。假設，平均 25 年爲一代，一份"代紀符號表"就記錄了一個家族 2700 年的基本資訊。2700 年爲一個輪回，當第 108 代"貴"字輩的後代第 109 代出生，新的一個輪回又從"高"字輩開始。從"高"字輩開始，仿佛是回到原來的出發點，卻是更高階段的螺旋式上升，循環往復，以致無窮。同宗同祖同血緣的家庭輩分、代紀、字輩螺旋式上升，意味著家族的生生不息；家族的生生不息，意味著氏族的生生不息；氏族的生生不息，意味著族群的生生不息；族群的生生不息，意味著中華民族的生生不息。

一份《代紀符號表》，只在同姓不同宗不同祖不同血緣家族、或異姓異宗異血緣家族中使用一次；表中不同的本體漢字符號只在同宗同祖同血緣的不同代紀中使用一次。這是兩次區分：首先，同姓異宗異祖異血緣氏（輩分）稱謂符號或異姓血緣氏（輩分）稱謂符號絕不會出現相同的《代紀符號表》或《氏符號表》。趙姓氏符號的《代紀符號表》或《氏符號表》與李姓氏符號的《代紀符號表》或《氏符號表》絕不相同；同是李姓的《氏符號表》與不同宗不同祖不同血緣的李姓《代紀符號表》或《氏符號表》絕不相同。其次，在同一個輪回中，同宗同祖同血緣不同代、不同輩分、不同字輩的氏符號本體漢字在《代紀符號表》或《氏符號表》中絕不相同。同姓不一定同家。同姓不一定就是同祖同宗同血緣關係。

　　圖二，《代紀符號表》或《氏符號表》只能在同姓異宗異祖異血緣關係中使用一次。即，假如李姓有 182 萬個祖宗，或 18.2 萬個祖宗，就有 182 萬份不同的《代紀符號表》或《氏符號表》、或 18.2 萬份不同的《氏符號表》或《代紀符號表》，才能區分出不同祖不同宗不同的血緣關係。

　　氏，作為父性血緣關係一脈相承的代紀、輩分、字輩符號，不僅精確地區分了異姓代紀符號的血緣關係，還精確區分了同姓異祖異宗異血緣關係。同姓異祖異宗異血緣可以存在。同姓不可以出現同樣的《代紀符號表》或《氏符號表》。

　　不同的《代紀符號表》或《氏符號表》，清晰地把同姓異祖異宗異血緣的家族區分清楚；又把異宗的家族區分清楚了。經 "姓符號" 的橫向區分和 "氏符號" 的縱向區分，異姓符號的血緣關係與同姓異祖異宗異血緣的血緣關係就十分清楚。因此《代紀符號表》或《氏符號表》又稱《同宗代紀（氏）符號表》。姓名文化是中華民族凝聚力的黏合劑，是中國人的文化傳承符號，有其以血緣為基礎的完整文化內涵，氏符號就給予了姓名文化以量的精確性。

　　中國人的姓名文化是以血緣和文化為脈承的，在有文字記載的初期就有姓氏的記載，氏符號以父系為起源，姓符號以母系為起源，演進為姓符號以父系為核心、氏符號以母系為核心的姓氏文化。氏、氏符號在四角碼結構式中指稱為輩分、字輩、代紀血緣關係。

圖三：

代紀符號經線

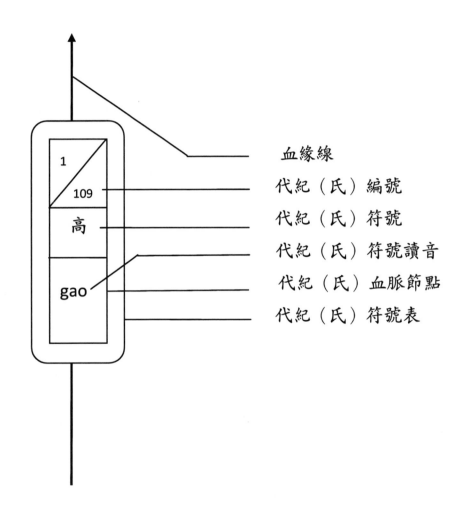

血緣線

代紀（氏）編號

代紀（氏）符號

代紀（氏）符號讀音

代紀（氏）血脈節點

代紀（氏）符號表

假設：每100人就有近親或遠親血緣關係，1.82億李姓個人，就有 182 萬個同姓異宗異祖異血緣關係的李姓祖宗，就要有 182 萬份不同的《代紀（氏）符號表》，才能區分出182萬個同姓不同宗不同祖不同血緣關係的李姓祖宗。

假設：每100人就有近親或遠親血緣關係，130 萬個劉波就有同劉波姓名的1.3萬個不同宗不同祖不同血緣關係的同劉波姓名的祖宗，就要有1.3萬份不同的《代紀（氏）符號表》，才能區分出1.3萬個不同宗不同祖不同血緣關係的同劉波姓名的祖宗。

假設：有 8 個同達蘭姓不同宗不同祖不同血緣關係的達蘭祖宗，就要有8份《代紀（氏）符號表》，才能區分出同達蘭姓的 8 個不同宗不同祖不同血緣關係的達蘭祖宗。

假設：只有1個斯琴姓，就1份《代紀（氏）符號表》，就能使斯琴姓與斯琴宗斯琴祖斯琴血緣關係同一。那麼，圖二，《代紀（氏）符號表》，就可以在以上"假設"的姓符號中各使用一次，以區分"假設"中的同姓異祖異宗異血緣、同姓同祖同宗同血緣輩分（氏）符號，均表示的不是同一祖宗、不是同一血緣，或者是同一血緣的不同輩分、不同輩分、不同代紀。

圖四：

同《代紀（氏）符號表》在異姓符號中的使用

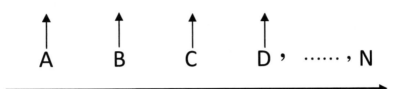

⟶ ： 血緣符號緯線。表示多個姓符號同根同源；

A： 《李姓代紀（氏）符號表》

B： 《劉姓代紀（氏）符號表》

C： 《達蘭姓代紀（氏）符號表》

D： 《斯琴姓代紀（氏）符號表》

N： 姓符號的無限性

　　異姓氏符號使用同樣的《代紀（氏）符號表》，表示的是異姓異宗異祖異血緣。例如，李姓、劉姓、達蘭姓、斯琴姓等不是同一宗同一祖同一血緣，這四個姓的第 6 代分別是"李盈"、"劉盈"、"達蘭盈"、"斯琴盈"等。字輩、代紀、輩分相同，姓不同，同輩異姓異宗異祖異血緣，沒有任何血緣關係！這是從姓符號

上將 A、B、C、D，……，N 姓的血緣關係區分清楚。李姓、劉姓、達蘭姓、斯琴姓等是異姓異宗異祖異血緣關係。也就是說，同一份《代紀（氏）符號表》，可以在無限多的異姓符號中各使用一次。

同姓異宗的情況，就要使用不同的《代紀（氏）符號表》。

圖五：

不同《代紀符號表》在同姓符號中的使用

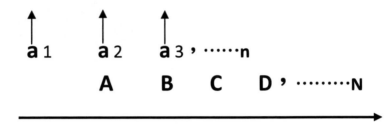

——————→ :	血緣符號緯線；
A、B、C、D :	異姓異宗血緣符號；
……N :	異姓異宗血緣符號的無限性；
↑↑↑ a1 a2 a3 :	同姓異宗血緣符號；
……n :	同姓異宗血緣符號的無限性。

　　例如，A 代表李姓。李姓 a1 第六代"盈"字輩，稱"李盈"；李姓 a2 第六代"山"字輩，稱"李山"；李姓 a3 第六代"水"字輩，稱"李水"，等等。同姓同代異宗異祖異血緣關係，經不同的《代紀(氏)符號表》，就把同姓異宗異祖異血緣關係分得很清楚。也就是説不同的《代紀(氏)符號表》，才能區分同姓異宗異祖異血緣關係。李姓中的 a1、a2、a3，……，n。只能用不同的《代紀(氏)符號表》才能加以區分。

　　中華民族的各族群、各氏族、各家族、各家庭在使用四角碼結構式時，首要的是確定自家的血緣姓符號。"坐不改姓"，指的是父系遺傳基因想改也改不了的，這就是命。以父姓代表的父系性遺傳基因就是姓符號。這個姓符號是後人無法改變的。當然，你爲了某種特殊的事業、特殊的使命要改姓換名，那是另外的事，那就要另當別論了。有了自家同宗同祖同血緣的姓符號、並永久固定使用、代代相傳，《代紀符號表》或《氏符號表》就能在各族群、各氏族、各家族、各家庭中一代一代地記錄自家的資訊(信息)。

圖六：

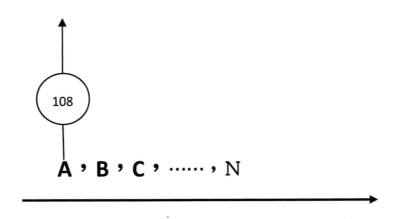

血緣經緯線

━━━━━━►：　血緣符號緯線；

A，B，C，……， N：　姓血緣符號；

↑：　血緣符號經線；

○：　代紀符號節點；

108：　代紀符號編號。

　　血緣符號緯線上平等地發祥著、生存著中華民族的多個族群、多個氏族、多個家族、多個家。其中，**A** 代表李姓血緣，**B** 代表劉姓血緣，**C** 代表達蘭姓血緣，……代表姓血緣符號的多樣性；N 代表性血緣符號的無限性。━━━►代表姓血緣符號的同根同源。

　　血緣符號經線顯示出異姓血緣與同姓異祖異宗異血緣的無限延伸。**108** 代表同宗輩分、代紀、字輩編號的結束和開始，循環往復，以致無窮；○代表節點量的增加；↑代表同宗血脈後繼有人，無限延長。

　　"排 pai"，同代順序符號，是同父姓兄弟姐妹、堂兄弟姐妹出生的排列順序稱謂符號。排符號，或順序符號是中國傳統姓氏文化習俗中的"排號"。是同父母、同父異母、父兄弟異母所生子女的排列順序。是橫向區分同父母所生子女、同父異母、父兄弟異母所生子女的出生時間、新生命誕生時間的先後排列順序。由四角碼結構式提供不同的本體漢字《同代順序符號表》，又稱《排符號表》。

圖七：

排符號表（《同代順序符號表》）

例一：

一	二	三	四
國	際	象	棋
Guo	Ji	Xiang	Qi

例二：

一	二	三	四	五	六	七
朝	辭	白	帝	彩	雲	間
Zhao	Ci	Bai	Di	Cai	Yun	Jian

例三：

一	二	三	四	五	六	七	八	九	十	十一
街	頭	巷	尾	等	因	奉	此	同	甘	共
Jie	Tou	Xian	Wei	Deng	Yin	Feng	Ci	Tong	Gan	Gong
十二	十三	十四	十五	十六	十七	十八	十九	二十	二十一	二十二
苦	形	象	思	維	煙	消	雲	散	玉	皇
Ku	Xing	Xiang	Si	Wei	Yan	Xiao	Yun	San	Yu	Huang
二十三	二十三	二十五	二十六	二十七	二十八	二十九	三十	三十一	三十二	三十三
大	帝	自	力	更	生	靈	丹	妙	藥	好
Da	Di	Zi	Li	Geng	Sheng	Ling	Dan	Miao	Yao	Hao

在《順序（排）符號表》裡，漢字本身的字義不存在。不論採用什麼語言語系的文字，均中文拼音方案注音，一字一音節。用漢字數位排列“順序”。每一個字符號僅僅代表出生時間的先後順序。一代一份、一字一符號、一字一個人，絕不重複。字數有四個字，即，一代可能有四個兄弟姐妹、堂兄弟姐妹；字數有七個字，即，一代可能有七個兄弟姐妹、堂兄弟姐妹；字數有三十三個字，即，一代可能有三十三個兄弟姐妹、堂兄弟姐妹。還可以根據姓符號者的實際情況增加順序符號（排符號）的數量。

《順序（排）符號表》是血緣經緯線在血脈節點量增加的記錄，反映的是同源、同宗、同祖、同血緣兄弟姐妹、堂兄弟姐妹的平等關係。

圖八：

順序水準線

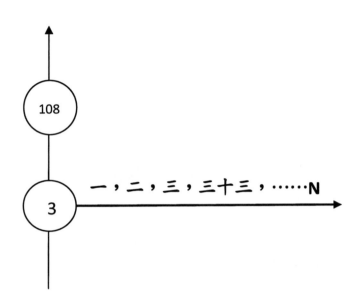

↑　：代紀（氏）血脈線；

○　：血脈節點；

108　：節點裡的阿拉伯數字表示同宗代紀（氏）符號編號；

──→：順序（排）水準線；

一，二：順序（排）線上的漢字數位，表示同代兄弟姐妹、堂兄
　　　　弟姐妹出生的先後順序和平等關係。

……：表示家、家族、氏族、族群、中華民族人口數量的增加。

　　　代紀符號"氏"與順序符號"排"相互的結合，是一個梯形、
曲折的過程。

圖九：

血脈延續線

　　《代紀（氏）符號表》顯示的家族延續是一個大的輪回，所以，"血脈延續線"可以由下而上或由上而下地表示。

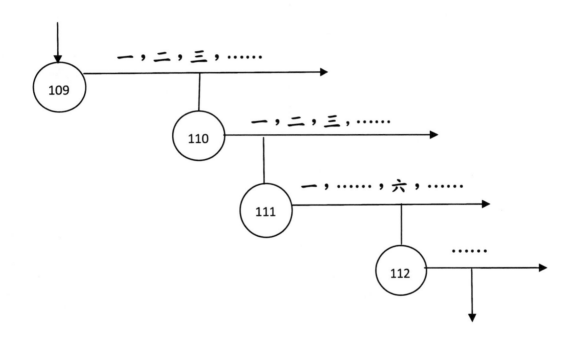

　　　　↓：血脈經線；

　　　　○：血脈節點；

　　109：阿拉伯數字表示代紀（氏）編號；

一，二，……：漢字數字表示同代兄弟姐妹、堂兄弟姐妹出生的
　　　　　　　先後順序（排）；

　　──────▶：順序線。

　　"圖九"標明，第 109 代（或第 1 代）可能有三個兒子，所育二女一男；長子（他可能有兩個姐姐或一個姐姐一個堂姐或兩個堂姐）將血脈線傳給第 110 代（或第二代）。第 110 代可能是一子一女或二子，由長子傳給第 111 代（或第三代）。第 111 代可能有六個兄弟姐妹或堂兄弟姐妹，前五個是姐姐，或兄或堂兄因自然、社會因素不能將本宗血緣傳承下去，所以，由排行第六的男性將血脈線傳承下去……。

　　這種梯形、曲折、複雜的承繼過程，就要求順序線上的每一個**節點（就是每一個自然人）**都要尊重生命，提高品質。要他人尊重你的生命，你就要尊重他人的生命。"順序線"質和量的提高、增加，決定血脈**節點**的堅實；**節點**的堅實與否，決定血脈線的延續和短暫。要使血脈線堅實，取決於個體素質的優劣。個體素質的優劣決定於兩個方面：一是、從生物學、遺傳學的角度講，代紀（氏）血脈線上的任何個體，或本宗、本祖、本血緣代紀（氏）血脈線上 5 代內與異宗代紀（氏）血脈有血緣關係，是不能以任何方式通婚、生育。即，堂兄弟姐妹關係決不能通婚生育、表兄弟姐妹關係 5 代內絕不能生育；並選擇與本宗、本祖、本血緣絕無任何宗祖血緣關係、相距地域遙遠的優秀個體通婚生育。最好是異家族、異氏族、異族群、異民族之間通婚生育。二是、從社會學、人類學的角度講，個體要不斷地改變自己的生存環境、受教育和位育。家旺才能國興，民富才能國強。

　　"**名** ming"，生命延續的稱謂符號。姓・氏・排是生命的可能，也僅僅是可能，因為姓・氏・排在一個新生命誕生之前就存在於這個家族之中，是新的生命將要存在的可能性。"名"，命也。"名"使生命成為現實。"名"使**姓・氏・排・名**成為完整的生命鏈條。"名"鑄就完成中華姓名四角碼結構式的最後一環。

　　"名"以正體，"字"以表性。人的名（字）是生命個體的

符號，是個體的象徵，是權利與義務的代稱。名（字）的分解，可以看出家庭的希望，興趣、愛好、志向、情操、抱負和理想，也可窺見親情、習俗、民風、時代特點等。

名（字）表達出人們在信息（資訊）交流中對人、事、物、身分和思想延續的傳承，表達出人的特點、性格、愛好、追求、理想等意境。

中華民族是希望的民族，每一個族群都是希望的族群，每一個氏族都是希望的氏族，每一個家族都是希望的家族，每一個家都是希望的家。民族將希望寄託給未來，家將希望寄託給後代，長輩將希望寄託給子孫。血脈延續（名）符號，是家的祖輩給自己的孫輩命名的符號，是奶奶、爺爺，外公、外婆畢生的經歷、經驗，凝聚成的一個（或幾個）本體漢字；是獨特的、創意的、與眾不同的、個性化、多樣化的，表徵的是對新生命的希望。

取名——不論是現代姓名學，或是傳統姓名學、測字先生、算命先生、易經、八卦學者，或是奶奶、爺爺，外公、外婆等，都不能改變名主的姓·氏·排。都只能在名**"字"**上研究和排位。中華姓名四角碼結構式研究的重點在於人類姓名結構在遺傳學、文化人類學、社會學、法學、姓名學的本體性結構。名"字"的研究和排位則是現代姓名學、傳統姓名學、測字先生、算命先生、易經、八卦等學者的工具論範疇。

例如，現代《姓名學》是以"名學"為文脈，綜合社會人文、血脈的傳承；以人性為根，以姓名為本，通過社會文化來表達、傳播、交流名主的信息（資訊）；研究人、事、物、身分和思想的能量價值觀的延續，推崇思想策劃與邏輯記憶的資訊（信息）儲存；是人文科學的學科分類，是專門以名"字"、字型大小、街頭、儲存的來源和歷史變遷、型態來源、地理分佈、文化意涵等為主要研

究對象，以交流姓名信息（資訊）爲基本內容，對語言學、漢字學、歷史學、民俗學、人口學，心理學、社會學、法學、宗教學都有影響的學科。現代姓名學是人類文明進化到一定程度所出現的文化產物，表現的是人類生存環境和生活態度的進步。

四角碼結構式的生命延續符號有兩方面的意義：一是、生物學、遺傳學的意義，希望與自己一樣血脈的生命得到延續。是對生命的尊重，表徵的是對生命脆弱的敬畏。"**名**"爲生命的稱謂符號，表示生命的可能性已經變成爲現實，是生命的可能性變成現實性的客觀性。二是、社會學、法學的意義，希望新生命能發展成比自己更好的生活。是生命的可能性變成現實性的主觀性。"**名**"既是生命的延續符號，是有形財產、無形財產和價值觀的最深刻承繼，又是長輩們自我希望的寄託和個性化的愛稱。

在傳統的姓名習俗和傳統姓名學中，由於結構性的缺失，姓·氏不分，氏·排不分，排·名不分，姓·氏·排·名模糊。不論是多字姓名、複姓姓名、三字姓名、二字姓名，族群姓名等，均普遍存在不能從姓氏符號區分異性異祖異宗異血緣、同姓異祖異宗異血緣，同姓同祖同宗同血緣法律糾紛、情感糾紛，同姓同名不便管理，同姓同名不便交流等姓名學、社會學、法學亟待解決的文化和習俗等複雜情況，使傳統和習俗的姓名符號處於自我封閉狀況。

例如在 130 萬個劉波中，只有"我"知道我這個"劉波"不是你那個"劉波"。

我們來看一看朱鎔基先生的家譜：

朱元璋有 26 個兒子。長子朱標太子，第 26 子朱楠早逝。朱元璋給每個兒子都取好了此後 20 代字輩（輩分）漢字氏符號。也就是說朱元璋家族有 24 套字輩（輩分）漢字氏符號。第 18 子朱楩

pian 生於 1379 年，12 歲被封爲岷州王（甘肅岷縣），26 歲改封爲雲南王。朱楩這一房的字輩（輩分）漢字氏符號爲：微 wei 音 yin 膺 ying 彥 yan 譽 yu，定 ding 千 qian 企 qi 禋 yin 雍 yong，崇 cong 禮 li 原 yuan 諮 zi 訪 fang，寬 kuan 鎔 rong 喜 xi 賁 fen 從 cong，共 20 個本體漢字。每一個字代表一代人，每一代人一個字。

明仁宗朱高熾 zi 繼位後，朱楩遷到湖南武岡，1450 年去世，享年 71 歲。謚 shi 號"莊"，史稱"岷莊王"。不論歷史和朝代如何變化，從朱楩第 1 代到第 12 代的記錄都很清楚。

朱鎔基的玄爺爺朱原（玉）堂，第 13 代；太爺爺朱諮桂，第 14 代；爺爺朱訪緒，第 15 代；父親朱寬澍第 16 代；朱鎔基，第 17 代；兒子朱燕來（"喜"字輩）、女兒朱雲來（"喜"字輩），第 18 代。

朱元璋給 24 個兒子取的 20 個漢字、20 代字輩（輩分、代紀）漢字氏符號，是從他兒子這一輩開始計算的。不是從自己這一代開始計算的，更不是傳承朱元璋的父輩、祖輩的輩分氏符號。從姓名學的角度看，20 個漢字的字輩（輩分、代紀）氏符號，就成爲無源之流、無本之木。從字輩（輩分、代紀）漢字氏符號看不出朱家血緣從何而來。朱鎔基的血緣來自於朱楩，朱楩以上就沒有出處了。如果朱元璋不便講出他的父輩身分，那麼，朱鎔基也應該是朱元璋的第 18 代子孫，而不是第 17 代子孫；就算朱元璋是天子，朱元璋也是朱鎔基家族血緣之"源"、祖宗之"本"、姓氏之"根"。中華姓名四角碼結構式注重家、家族的起始、祖宗根源之所在。

第二，一個父親有 24 個兒子就有 24 套字輩（輩分、代紀）漢字氏符號表，即，同一祖同一宗同一血緣有幾個兒子就有幾套字輩

（輩分、代紀）漢字氏符號表。假如朱楨這一代的 24 個兄弟不相往來、就是往來也不交流輩分符號，那麼，從朱元璋的第二代、朱楨這一代起，朱元璋的後代就有 24 個祖宗、24 個血緣關係，24個同姓不同宗的祖宗。從姓符號看，都是朱姓、朱元璋這一個祖宗，然而，被朱元璋分成 24 份字輩（輩分、代紀）漢字氏符號表，就成爲 24 個祖宗。那麼，這 24 個兄弟之間有沒有往來都無所謂，因爲他們是 24 個不同的祖宗，他們的後代就可以相互通婚。即，堂兄妹、堂姐弟之間就可以互相通婚。事實也是如此。但是，這也是明王朝由強走向滅亡的原因之一。我們常說近親不能通婚，遠親也得（3 至）5 代才能通婚。這些粗淺的習慣說法，並沒有遺傳學的依據。我的一個親戚，家譜很全，他的女兒嫁給有 5 代遠親的一個表哥，生了一兒一女都是隔兩代遺傳的先天性心臟病。有人說猶太人金融家族近親通婚生育的多，這是事實。我們說中國人的人種與猶太人的人種是不同的人種，而且，猶太人有猶太人的希伯來語和猶太教的信仰，這是不能比的。可以這麼說，中國人先天性的遺傳病，例如，智障、低能、先天性的心臟病等等，凡是先天性的遺傳疾病都是知道或不知道的、幾代、數代近親婚姻生育的結果。朱元璋是皇帝，不論他是有意或是無意將字輩（輩分、代紀）漢字氏符號搞亂，就成爲他締造的明王朝走向滅亡的原因之一。可見，字輩（輩分、代紀）漢字氏符號對於個人、家族、民族的重要意義。中華姓名四角碼結構式將傳統姓名學和姓名習俗中姓氏不分的"氏"，從傳統姓名學和姓名習俗中剝離出來，繼承傳統姓名學和姓名習俗中祖宗、血緣的內涵，獨立成爲字輩、輩分、代紀的姓名學、遺傳學、社會學和法學概念。

　　第三，"微音膺彥譽，定千企裡雍，崇禮原諮訪，寬鎔喜賁從"這 20 個字輩（輩分、代紀）漢字氏符號，是朱鎔基家族的字輩（輩

分、代紀）漢字氏符號，朱鎔基家族的男性都知道。但是，非朱鎔基家族的所有家族都不知道，也就是說，有同朱姓不同祖不同宗不同血緣關係的朱姓家族，都可以使用這 20 個同音同字同序的漢字來作爲自家的字輩（輩分、代紀）氏符號。這樣，同姓同氏不同祖不同宗不同血緣現象，就給社會學、遺傳學、人類學造成了自我的糾結。另一方面，在傳統姓名學和姓名習俗裡，20 個漢字的字輩（輩分、代紀）氏符號算是多的了。中國人的字輩（輩分、代紀）漢字氏符號一般是 4 字、5 字、6 字、8 字、9 字，也有極少數是12 字。也就是說，一個家族的字輩（輩分、代紀）漢字氏符號，用完 4 個、5 個、6 個、8 個、9 個、12 個、或 20 個漢字就完成了一個輪迴，就得從第 5 代、第 6 代、第 7 代、第 9 代、第 10 代、第 13 代，或第 21 代開始，又使用同樣的漢字作爲下一個輪迴的字輩（輩分、代紀）漢字氏符號；或者從新選擇漢字作爲本家族的字輩（輩分、代紀）漢字氏符號。這就可能產生兩種情況：一種是，作爲字輩（輩分、代紀）氏符號的漢字太少，就可能產生代紀輪迴太快、生命短暫的、輩分重複的不吉祥寓意；另一種是，字輩（輩分、代紀）漢字氏符號更換得太快，幾代人、20 代人就更換一次，就使得生命的延續出現中斷，同樣給人以不吉祥的寓意。中華姓名四角碼結構式，用 108 個本體漢字作爲字輩（輩分、代紀）氏符號，從理論上講 2700 年才能有一個輪迴。實際上一個輪迴要超過 3000 年。孔子的家譜是完整的，到現在孔子血緣有 77 代，已經超過 2700 年。現代社會，科技發達、經濟發達、醫學發達，人們的生活水準不斷提高，108 代 3000 年以上爲一個輪迴將會成爲一種常態；同時，108 作爲數字，是中國人在骨子裡對數字信仰的最吉祥數字。

　　我從小就知道罵人最惡毒的語言就是"肏 cao 你祖宗 108代！"——有一種罵就是愛！就像張作霖罵張學良"兔崽子"一

樣，"108"是中國人對數字信仰的最吉祥數字，到成爲罵人的惡口！這就像中國人對本體漢字和姓名文化的信仰一樣，是中華民族與所有民族都不同的特性。

第四，朱元璋定的 24 套氏符號表，沒有能代表同代兄弟姐妹、堂兄弟姐妹出生先後順序的排符號漢字。"朱"字是朱鎔基先生的姓符號，"鎔"字是朱鎔基先生的字輩（輩分、代紀）氏符號。"基"字是朱鎔基先生的排符號嗎？如果是排符號，那麼，朱鎔基這個姓名裡就沒有生命的"名"符號。如果，"基"字是生命的名符號，那麼，朱鎔基這個姓名裡就沒有順序排符號，別人或者他本人就不知道他是朱梗家第 17 代兄弟姐妹、堂兄弟姐妹中排行第幾？這就容易造成同代兄弟姐妹、堂兄弟姐妹之間的倫理混亂。中華姓名四角碼結構式，不僅把同祖同宗同血緣的同源同代兄弟姐妹、堂兄弟姐妹出生的先後順序用"排"字，作爲出生先後順序的"排"符號，而且，將順序排符號作爲四角碼結構式中不可或缺的一環。這樣，在釐清同祖同宗同血緣、異祖異宗異血緣關係的同時，增進了一個家族的凝聚力和同心力。這種最原始的、與生命、血緣聯繫在一起的凝聚力和同心力，由家擴展到家族，由家族擴展到氏族，由氏族擴展到族群，由族群擴展到民族，才能成爲中華民族的內在的凝聚力和同心力。

第五，朱鎔基先生在給自己的子女命名時，用了 "燕"、"雲"二字，沒有使用朱元璋定的"喜"字血緣字輩（輩分、代紀）漢字氏符號，顯然"燕"、"雲"二字不是作爲血緣字輩（輩分、代紀）漢字氏符號來使用。當然，在朱鎔基家譜裡可以將"燕"、"雲"寫入第 18 代。假如"燕"、"雲"二字是出生順序排符號，那麼，朱燕來、朱雲來這個姓名就是沒有血緣字輩（輩分、代紀）

漢字氏符號這個結構性符號，沒有字輩（輩分、代紀）漢字氏符號的姓名符號，你就自覺或不自覺地離開了你的血緣祖宗之本源，但是，這是你的命，是離不開的；同時，沒有字輩（輩分、代紀）漢字氏符號的姓名，在別的地方也是找不到自己的根的。在姓名學的姓名結構中，你只能順從祖宗和血緣，是不能抗拒和更改的。這樣，從姓名學的角度講，"燕"、"雲"二字既不具有氏符號的含義，又不具有排符號的含義，那麼，這樣的姓名就成爲模糊性的姓名。不論你是公開使用，或是隱形使用四字姓（氏排）名，在中華姓名四角碼結構式中，你的氏排都是清清楚楚的。

第六，兩兄妹的名"字"都是"來"字，其諧音、諧意、象徵性、以及興趣、愛好、志向、情操、抱負、希望和理想等含義都是一致的嗎？顯然不是一致的。從姓名學的角度講**姓·氏·排·名**結構中完全一致的名**"字"**也就失去了名符號的意義。

在中華姓名四角碼結構式中，**名**是構成**姓·氏·排·名**結構的最後一環，沒有這一環，生命就只能成爲某種可能，永遠都不可以成爲現實，同時也就沒有多樣化、個性化的芸芸眾生了。

四角碼結構式克服了傳統姓名學的缺陷，就有了現實和永久的生物學、遺傳學、法學和社會學價值：在血緣認同的同時，又區分了不同的個體，在不可能出現同姓·同氏·同排·同名兩個人的同時，又從血緣上認同中華民族是血濃於水的一家人。四角碼結構式構成了個性化的：

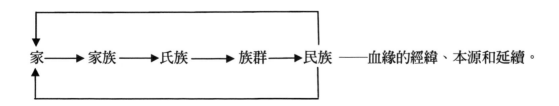

家 ⟶ 家族 ⟶ 氏族 ⟶ 族群 ⟶ 民族 ——血緣的經緯、本源和延續。

圖十：

中華姓名四角碼結構式

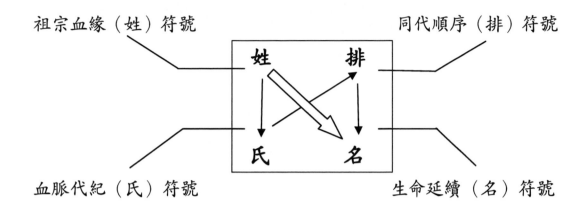

祖宗血緣（姓）符號　　　　　　　　同代順序（排）符號

血脈代紀（氏）符號　　　　　　　　生命延續（名）符號

圖十一：

中華姓名四角碼結構式姓名結構

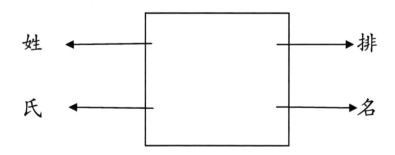

　　"四角碼結構式"的"姓"爲源、本；"氏"爲承、傳；"排"爲序、量；"名"爲命、質。揭示的是生命結構的複雜性，螺旋上升性，以及人類社會最高價值目的性。

圖十二：

中華姓名四角碼結構式姓名全稱標準結構

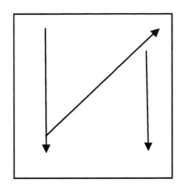

　　中華姓名四角碼結構式全稱標準結構，揭示的是四大類資訊的客觀性、不可變更的順序性，表徵的是人類對生命的敬畏和人權的尊嚴。

圖十三：

中華姓名四角碼結構式姓名簡稱縮寫結構

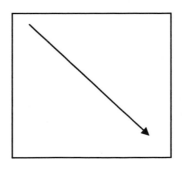

　　中華姓名四角碼結構式簡稱結構，揭示的是人的生命脆弱，表徵的是人類對生命的敬重。

圖十四：

中華姓名四角碼結構式姓名愛稱小名結構

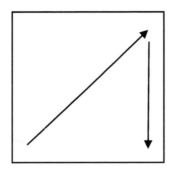

　　中華姓名四角碼結構式愛稱小名結構，揭示的是對生命的熱
愛，表徵的是家的親情和溫暖。

下篇

中華姓名四角碼結構式工具篇

中華姓名四角碼結構式基本標準

　　"中華姓名四角碼結構式"要求姓名結構符號由"**姓・氏・排・名**"四種信息、四個部份構成，腳踏實地、四平八穩、符合數理要求，在字數上最少由四個本體漢字構成"**姓氏排名全稱標準結構**"。"**氏**"，"**排**"分別只能由一個字構成；"**姓**"，"**名**"不受字數、文化、法律、習俗、信仰、宗教、政治、地域等的限制；中文拼音方案讀音標準；各國各地通用。並，逐漸引導"**姓**"和"**名**"由一個字構成。

結構標準

中華姓名四角碼結構式姓名全稱標準結構：

1、中華姓名由**姓·氏·排·名**四種資訊、四部分構成基本標準，不少於四種符號、四個字，腳踏實地、與方塊漢字同一，四平八穩、符合數理要求；

2、**姓**——祖宗血緣稱謂符號，**名**——生命延續稱謂符號，不受字數、文化、法律、習俗、信仰、宗教、政治、地域等的限制，個性化、多樣化。最好使用一個本體漢字；

3、**氏**——血緣代紀稱謂符號，**排**——同代順序稱謂符號，分別只能由一個本體漢字表徵；

4、中華姓名本體漢字符號，說來上口，便於書寫，便於記憶，便於交流。

5、同姓、同氏、同排、同名不能同時同代出現。

這樣，中華民族多族群多氏族多家族多家庭的每個個體的姓（氏排）名，就由四種資訊（信息）、四個部分、四個漢字、四種符號構成基本標準結構。

書寫標準

中華姓名四角碼結構式姓（氏排）名書寫標準：

例一

全稱：達蘭祖白央宗

簡稱：達蘭央宗

愛稱：白央宗

表徵："達蘭"字姓家族第三代"祖"字氏"白"字排長女（上有哥哥"朝"和"辭"排行）"央宗"字名。

例二

全稱：李天辭香

簡稱：李香

愛稱：辭香

表徵："李"字姓家族第 26 代"天"字氏"辭"字排次女"香"字名。

例三

女子出嫁後，在本姓符號前可以加上夫姓符號，夫姓符號在出嫁女子姓符號前。

李天辭香嫁給曾先生

全稱：曾李天辭香

簡稱：曾香

愛稱：辭香

表徵："李"字姓家族第 26 代"天"字氏"辭"字排次女"香"字名，是曾先生的法定妻子。

全稱（或大名）是標準結構，用於法定和正式交流；簡稱（或縮寫）用於非正式交流；愛稱（或小名）用於家、家族、親友間的昵稱。

讀音標準

中華姓名四角碼結構式姓名讀音標準：

讀音、語調、語速、輕重音符合漢語言讀音習慣，一字一音節，平仄平仄有起伏。

李ˋ天‧辭ˋ香

Li 與 tian 之間停半拍，tian 與 ci 之間停一拍，ci 與 xiang 之間停半拍。

李‧香

Li 與 xiang 之間停一拍。

辭ˋ香

Ci 與 xiang 之間停半拍。

中華民族各個族群各氏族各家族各家的姓（氏排）名按四角碼結構式注音和讀音，以漢譯音規則譯成漢和各族群語言，各族群在稱呼姓（氏排）名時能相互聽懂，便於書寫、便於交流，便於各族群的理解和融合。

達蘭ˋ祖‧白ˋ央宗

Dalan 與 zu 之間停半拍，zu 與 bai 之間停一拍，bai 與 yangzong 之間停半拍。

達蘭‧央宗

Dalan 與 yangzong 之間停一拍。

白ˋ央宗

Bai 與 yangzong 之間停半拍。

中華姓名四角碼結構式姓（氏排）名，在與外國人交流時，按華族人習慣，不改變**姓‧氏‧排‧名**編輯和書寫順序；採用中文拼音方案注音、拼音、讀音規則。

書寫：姓符號第一個字母、氏符號第一個字母大寫，其它字母均小寫：

LiTian‧cixiang

Li‧xiang

cixiang

讀音：

Li ˋTian•ci ˋxiang

Li•xiang

ci ˋxiang

　　如果“姓”符號多字、複姓，超過一個字，或“名”符號超過一個字。多的部分就按個人的習慣拼讀。只在“氏”與“排”之間停頓一拍。

　　姓（氏排）名是由**姓·氏·排·名**結構決定的。**姓**，是本源和承繼（最好一個字）；**氏**，是這個姓符號的第幾代（只能一個字）；**排**，是同一代的排序第幾（只能一個字）；最後由奶奶、爺爺，外公、外婆起一個能代表其本人特徵的名“字”（最好一個字）。

　　姓（氏排）名是以人性為核心的名分載體，是中華民族姓名文化的基礎，是中國人以血脈傳承為適用的社會人文標識、交流工具、延續載體。姓（氏排）名是脈承家族文化，傳承社會文化的思想表達、是他人邏輯記憶的法定名號。

　　中國姓名文化古已有之，始於口語交流，文字的出現而形成文化形態。中華姓名四角碼結構式將這一古老的文化和習俗從感性的層面上升為理性的知識，使每一個中國人都能從四角碼結構式中找到自己的根。姓（氏排）名不僅僅是代表一個人稱呼的簡單符號、人生中被動的工具標誌，而是資訊（信息）交流中主動的傳播載體；是人性能量中承載的遺傳基因、人道觀念、財產觀念和價值觀念的體現，是人類智慧的結晶，是中華民族的瑰寶。

中華姓名四角碼結構式基礎應用技術

中華姓名四角碼結構式，在現實生活中的適用是"**中華姓名四角碼中心**"，或"**四角碼中心**"，或"**四角碼**"。

四角碼是漢字符號，這種符號形式是書寫和讀音的統一，是能指與所指的統一。即，你不論使用那種語言語系的文字，只要能按方塊本體漢字規則書寫、能讀音、能反映**姓·氏·排·名**符號四大類資訊（信息），都可以成爲中華姓名四角碼結構式姓（氏排）名符號文字。

基礎應用技術一

姓，祖宗血緣稱謂符號。最好一個字！不受字數、文化、法律、習俗、信仰、宗教、政治等的限制，個性化、多樣化。只要"我"認爲使用的符號能表達祖宗血緣就行。

1、沿襲祖宗傳承的符號；

2、自認爲使用的符號是同姓異宗符號，你可以更改爲自己設立、創立的符號；

3、族群間的姓符號可以相互通用。姓符號與族群性沒有必然聯繫。如果"達蘭"姓符號作爲藏族群人家兄妹的姓符號，就同"李"姓符號一樣可以在各族群間相互通用；

4、每一個人都有姓符號，是人權、生命權、人格權的表徵；

5、現行的姓氏符號沒有專屬權；

6、自設、自創、新創的姓符號可以申請專屬權，也可以放棄專屬權。

姓符號一經確立，永久使用，不可更改。

最好選用一個本體漢字。

基礎應用技術二

氏，血脈代紀（氏）稱謂符號。只用一個本體漢字。由四角碼中心研製的《××××家族代紀（氏）符號表》（《××××家族氏符號表》）是父性血緣關係一脈相承的代紀、輩分、字輩符號。只能一族一表，一代一字，世代相傳。

1、異祖異宗異血緣異姓符號直接與四角碼溝通，便可獲得絕不重複的《××××家族代紀（氏）符號表》（《××××家族氏符號表》）。

2、同姓異祖異宗異血緣姓符號，自己依據家傳的《家譜》、或 DNA、或其它方式確認其是同姓異祖異宗異血緣的姓符號者，然後，將"確認資料"經家族全體成年人簽字後再與四角碼溝通。

3、四角碼依據"確認資料"，對同姓異祖異宗異血緣進行編號後，輸出一份《××××家族代紀（氏）符號表》（《××××家族氏符號表》）給同姓異祖異宗異血緣姓符號者，確保在同姓符號中絕不會出現兩份同樣的《代紀（氏）符號表》（《氏符號表》）。

不論是異姓異祖異宗異血緣、或同姓同祖同宗同血緣，或同姓異祖異宗異血緣，所獲得的《代紀（氏）符號表》（《氏符號表》），都是一族一宗一表、一字一代、一代一符號，絕無同樣的《代紀（氏）符號表》（《氏符號表》），這就保證了決不會出現傳統姓名習俗中的同姓同名現象。

4、《代紀（氏）符號表》（《氏符號表》）使用方法：——當你在四角碼獲得一份《××××家族代紀（氏）符號表》（《×××家族氏符號表》）：

假設：已知你是"李"姓 a1 家的第 26 代，那麼，在你的家譜記錄上你就是"李"字姓"天"字氏——李天。表示你是"李"姓 a1 家族血緣的第 26 代傳人；

假設：已知你是"達蘭"姓家的第 3 代，那麼，在你家的家譜記錄上你就是"達蘭"字姓"劉"字氏——達蘭劉。表示你是"達蘭"姓家族血緣的第 3 代傳人；

假設：你放棄以前的家譜記錄，或你以前根本沒有家譜，或你的家譜已經失散，或無從查找，總之，你不論什麼原因，從現在起採用"四角碼結構式"，在新的家譜記錄上你就是第 1 代"斯琴"姓"高"氏——斯琴高。表示你是"斯琴"姓家族血緣的第 1 代。

氏（代紀）符號不分性別、出生先後、體能和智力等，是同一血緣不同代紀、輩分、字輩的指稱。

基礎應用技術三

排，同代順序（排）稱謂符號。只用一個本體漢字。由四角碼研製的《××××家族同代順序符號表》（《××××家族同代排符號表》），不論是四字《順序（排）符號表》（《排符號表》）、七字《順序（排）符號表》（《排符號表》）、或者三十三字《順序（排）符號表》（《排符號表》），都只能一代一表，一人一字。

就是説，不論你使用的是多少個本體漢字的《順序（排）符號表》（《排符號表》）、不論你使用的這份《順序（排）符號表》（《排符號表》）裡的漢字符號是否用完，都只能一代人使用一表。即，"高"字輩使用的《順序（排）符號表》（《排符號表》），不能適用於"帝"字輩；並且，一個字只能代表同祖同宗同血緣同代的一個人。這就保證了絕不會出現傳統姓名習俗中的同姓同氏同排情況。例如，《順序（排）符號表》（《排符號表》）裡的"朝·

辭·白·帝·彩·雲·間"七個本體漢字,代表的是同祖同宗同血緣同代同輩的七個兄弟姐妹,或堂兄弟姐妹。老大為"朝"字排、老二為"辭"字排、老三為"白"字排、老四為"帝"字排、老五為"彩"字排、老六為"雲"字排、老七為"間"字排。《順序(排)符號表》(《排符號表》)裡的每一個本體漢字,代表的是同祖、同宗、同血緣,同代、同輩生命出生先後的不同自然人。

"排"符號不分性別、親疏、體能和智力。是同血緣同代出生先後順序的指稱。

假設:"李天"家族有了第二個子女,他(她)就是"李"字姓"天"字氏"辭"字排——李天辭。

假設:"達蘭劉"家族有了第一個子女,他(她)就是"達蘭"字姓"劉"字氏"朝"字排——達蘭劉朝。

假設:"斯琴高"家族老三家生了第一胎。他的大哥已經有了一個女兒"斯琴高朝";二哥有了一個兒子"斯琴高辭"。老三家生的第一胎就是"高朝"和"高辭"的堂弟(或堂妹),排在二伯的兒子"高辭"之後為排行第三,老三家生的第一胎就是"斯琴"字姓"高"字氏"白"字排——斯琴高白。

基礎應用技術四

名,生命延續稱謂符號。是一個一個具體人存在的符號,是生命的可能性已經變成現實性的符號。寄託著長輩對晚輩的生命囑託和自我生命延續的希望。

1、由爺爺、奶奶,外公、外婆給新生命命名。符合傳統文化隔代修史的習俗,少一些急匆匆、急功近利的情緒成分,多一些冷靜理性的成分,更富有創造性、個性化的文化內涵;

2、名"字"上能區分男女性別,是否與姓氏排結構契合;

3、全稱呼叫是否上口、是否有起伏、是否有平仄感，簡稱單用呼叫是否響亮、清晰，愛稱使用是否諧音諧義、是否有親切感；

4、書寫出來要有創意，富有整體書法藝術美感，是**姓·氏·排·名**書寫美感、發音美感、諧義諧音的統一；

5、一個字、兩個字、多個字，是對新生命未來的某種暗示、對生命的敬畏，既表達對新生命的期望，又體現新生命的特徵。

6、名符號的選用是易經、八卦、算命先生、測字先生、姓名學專家的職業，在與姓氏排相匹配選用名（字）的過程中，同樣是高難度的技術活兒。

最好選用一個本體漢字。

假設："李"字姓"天"字氏"辭"字排家的新生命是女兒，外公外婆給她命的名是"香"，她的全稱是：李·天·辭·香。書寫成：李天辭香；簡稱：李香。愛稱：辭香。諧音："吃香"，諧義：承外婆未完成的數學論證題。

假設："達蘭"字姓"劉"字氏"朝"字排家的新生命是兒子，奶奶給他命的名是"陽"，她的全稱是：達蘭·劉·朝·陽。書寫成：達蘭劉朝陽；簡稱：達蘭陽；愛稱：朝陽。諧音：早上的太陽，諧義：總走在別人的前面。

假設："斯琴"字姓"高"字氏"白"字排家的新生命是兒子，爺爺給他命的名是"雲"，他的全稱是：斯琴·高·白·雲。書寫成：斯琴高白雲；簡稱：斯琴雲；愛稱：白雲。諧音：白雲藍天，諧義：做人要像白雲一樣透明。

四角碼姓氏排名轉位技術

　　傳統的姓名由兩個字、三個字、多個字組成，在結構上不具**姓·氏·排·名**的基本內涵。同名同姓的現象已經成為姓名學和社會學、遺傳學的災難。不論從姓名學意義，或是從生物學、遺傳學、社會學、法學的角度，都有必要使傳統的姓名轉位於四角碼。（以下轉位假設採用"圖二"《氏符號表》、"圖七"《排符號表》）

1、姓·氏轉位

　　假設：劉致遠。已知是劉姓 **a**162 家族的第 9 代。在傳統的姓名習俗應用中，"氏"是作為"姓"在使用，"姓""氏"不分。劉姓、劉氏、姓劉、姓劉的等，都是一個意思。劉氏致遠，指的是"劉"姓，名"致遠"的一位男性或女性。"劉"既是姓，又是氏；"致遠"的"致"是"氏"嗎？是"排"嗎？不清。"遠"是"排"嗎？是"名"嗎？不清。這種姓氏不分、排名不分的現象，在傳統姓名習俗中普遍存在。將"氏"與"姓"用於一處，多指已婚婦女。曾李氏，指夫姓"曾"父姓"李"的出嫁女子。先秦以前，"氏"指的是父系血緣關係；"姓"指的是母系血緣關係。

　　秦始皇姓嬴正不姓秦姓嬴，就是按先秦的姓氏習俗隨他母親的姓，他的母親姓嬴秦始皇帝也就姓嬴。這就給後世的歷史學家、玄幻小說家增加了不少的麻煩，始皇帝姓嬴，那麼他的父親是誰？這本是沒有意義的研究，但，它卻困擾了 2000 多年來的不少學者，當然，也給後人增加了茶餘飯後的話料和無盡的想像力。秦漢以後，"姓"就專指父系血緣關係，"氏"就專指母系血緣關係。今

天，姓名學四角碼結構式中的"氏"字，僅僅指的是同祖同宗同血緣的不同輩分（字輩、代紀）關係。姓名學姓氏的歷史演變，與人口的增加、經濟的發展、社會的開放、全球化一體化有直接的關聯。

中國人對傳統姓名學姓氏概念的使用，是以封閉的方式使用姓氏概念，或口口相傳使用的。無論你是將"氏"作為姓符號的字牌，或是將"氏"作為輩分符號使用，或是將"姓"作為"氏"在使用等，都是在封閉的場域中使用。劉致遠的"致"，假如是劉致遠家的字輩，然而，用"致"字作劉姓字輩的劉家就不止劉致遠一家；並且，這個"致"是劉致遠家的第幾代？不清楚。在這樣的情況下，就要將姓‧氏轉位加以區分。

又知，劉致遠在劉家叔伯子女中排序第四。那麼，原姓名"劉致遠"就可以轉位書寫成：

全稱：劉致帝遠；

簡稱：劉遠；

愛稱：帝遠。

表徵："劉"字姓 a162 家族第九代"致"字氏順序第四"帝"字排的兒子（或女兒）"遠"字名。

2、氏‧排轉位

假設：金波。已知是金姓 a86 家族的第 18 代，並且是該家族的獨子，上輩沒有叔伯直系血緣親屬。在金波這個姓氏中缺氏‧排成分。那麼，原姓名"金波"，就可以轉位書寫成：

全稱：金建朝波；

簡稱：金波；

愛稱：朝波。

表徵："金"字姓 a86 家族第 18 代"建"字氏獨子"朝"字排的男子"波"字名。

3、氏轉位

假設：錢三毛。已知錢姓 a3 家族第七代，排序第三的女兒。在錢三毛這個姓（氏排）名中缺"氏"的成分。經與"四角碼"溝通，漢字數位"一、二、三、……、九"，作為錢姓 a3 家族《第七代順序（排）符號表》（《第七代排符號表》）。那麼，原姓名"錢三毛"就可以轉位書寫成：

全稱：錢后三毛；

簡稱：錢毛；

愛稱：三毛。

表徵："錢"字姓 a3 家族第七代"后"字氏順序第三"三"字排的女子"毛"字名。

4、排轉位

假設：東方象。複姓單名。已知是"東方"家族的第 18 代，排序第三的兒子。該"東方"家族的長輩熱愛"國際象棋"，也就用"國·際·象·棋"四個字——就如同傳統姓名習俗用"孝·悌·忠·信·禮·義·廉"、"榮·華·富·貴·金·玉·滿·堂"等傳統文化詞彙給自己的後代命名一樣，分別給兩個姐姐命名為"東方國"、"東方際"，一個弟弟命名為"東方棋"一樣，把"排"作為"名"，"排""名"不分混為同一符號，自己給自己的後代命的"名"。那麼，原姓名"東方象"就可以轉位書寫成：

全稱：東方建白象；

簡稱：東方象；

愛稱：白象。

表徵："東方"字姓家族第 18 代"建"字氏順序第三"白"字排的男子"象"字名。

5、排·名轉位

假設：王后雲。已知是王姓 a1 家族第 2 代排序第六的女兒。上一代的老人將"排"與"名"混在一起，把"排"作"名"給自己的後代命的名，使"王后雲"這個姓（氏排）名缺"名"成分。這種情況，王后雲本人與家裡的長輩商量，認爲補"名"成分

爲"珠"字，即與四角碼結構式契合，又能體現她本人的特點和希求。那麼，原姓名"王后雲"就可以轉位書寫成：

全稱：王后雲珠；

簡稱：王珠：

愛稱：雲珠。

表徵："王"字姓 a1 家族第 2 代"后"字氏順序第六"雲"字排的女子"珠"字名。

6、姓·氏·排·名轉位

假設：阿毛。是按當地的習慣簡單地作爲一個人的姓名符號，沒有姓·氏·排·名成分。經瞭解，得知"阿毛"爲該家第三代排序第五的兒子。以上情況不明，或已有的記錄丟失，或根本就沒用記載，只有老人口口相傳的記憶。這樣，"阿毛"這個符號可以拆開使用："阿"作爲"姓"，"毛"作爲"名"，補氏·排。那麼，原"阿毛"符號就可以轉位書寫成：

全稱：阿劉彩毛；

簡稱：阿毛；

愛稱：彩毛。

表徵："阿"字姓家族第三代"劉"字氏順序第五"彩"字排的男子"毛"字名。

還可以將"阿毛"作爲"姓"符號使用，補氏·排·名成分，那麼，原"阿毛"符號就可以轉位書寫成：

全稱：阿毛劉彩男；

簡稱：阿毛男；

愛稱：彩男。

表徵："阿毛"字姓家族第三代"劉"字氏順序第五"彩"字排的男子"男"字名。

還可以將"阿毛"作爲"名"符號使用，補姓·氏·排成分，那麼，原"阿毛"符號就可以轉位書寫成：

全稱：雄劉彩阿毛；

簡稱：雄阿毛；

愛稱：彩阿毛。

表徵："雄"字姓家族第三代"劉"字氏順序第五"彩"字排的男子"阿毛"字名。

四角碼姓氏排名與族群姓名轉位技術

1、中華民族是多族群的民族。（由於歷史的原因，我們將中華民族"上位概念"與 56 個族群"下位概念"，混同於中華民族與"56 個民族"的"平行概念"。這種"混同"是一種歷史的誤解。這種誤解，是由於民族學、文化人類學等理論不成熟；緊跟"國際主義"民族理論，將民族學、文化人類學、法學、政治學說混淆的結果。中華民族是由"家→家族→氏族→多族群→中華民族"內生性成長起來的民族。"家→家族→氏族→多族群→中華民族"，是中華民族自然性、歷史性與邏輯性的內在統一。所以，56 個族群，或多族群，是內生性地成長為中華民族，而不是"56 個民族"組成的中華民族。姓名學是人類學、遺傳學的組成部分，姓名學的四角碼結構式關於性、祖、宗、姓氏、家、家族、氏族、族群、民族等概念，遵循的是自然、歷史和邏輯內在一致性原則。）中華民族多數族群的姓名傳統和姓名習俗與漢族群的姓名傳統、姓名習俗一致。一個姓名符號多人、多個族群共同使用，多人、多個族群共用一個姓名符號的情況普遍存在；多數族群是與漢族群一樣採用二字或三字構成封閉式姓名結構方式。

2、由於語言、文字、歷史、文化、宗教、習俗、信仰等多種原因，在壯族群、回族群、滿族群、維吾爾族群、彝族群、土家族群、 藏族群、蒙古族群、侗族群、布依族群、瑤族群、白族群、哈尼族群、朝鮮族群、黎族群、哈薩克族群、傣族群、畲族群、傈

傈族群、東鄉族群、仡佬族群、拉祜族群、佤族群、水族群、納西族群、羌族群、土族群、仫佬族群、錫伯族群、柯爾克孜族群、景頗族群、達斡爾族群、撒拉族群、布朗族群、毛南族群、塔吉克族群、普米族群、阿昌族群、怒族群、鄂溫克族群、京族群、基諾族群、德昂族群、保安族群、俄羅斯族群、裕固族群、烏孜別克族群、門巴族群、鄂倫春族群、獨龍族群、赫哲族群、高山族群、珞巴族群、塔塔爾族群、漢族群等多族群中，把姓作爲祖宗血緣稱謂符號，按**姓・氏・排・名**結構命名姓（氏排）名的姓名學文化不是十分顯現。也就是說，在多數族群中，不少人家，一個人從生到死的稱呼只是一個稱呼符號而已，不具有姓名學意義的**姓・氏・排・名**結構意義。這個稱呼僅僅是一個稱呼，這個人的稱呼，可能是這個人出生的地點、時間、出生時長輩看到什麼、想到什麼、感覺到什麼、有什麼山川湖海、天空大地的自然現象、有什麼象徵性、有什麼民間傳說、有什麼宗教信仰、有什麼政治意義、希望意義等等。

沒有姓名學**姓・氏・排・名**結構意義的、由祖宗傳承下來的、能區分此祖宗與彼祖宗、此血緣與彼血緣的固定"**姓**"符號；沒有能說明自己是此姓符號的第幾代傳人的"**氏**"符號；沒有能在自己使用的稱呼符號裡能區分出自己是兄弟姐妹、堂兄弟姐妹排序中第幾的"**排**"符號；並且，自己使用的稱呼"**名**"符號，也許在自己生活範圍的上幾代，或同代還有其他人在共同使用這個名符號。這種**姓・氏・排・名**不分情況、同名同姓情況，是各族群中普遍存在的姓名學姓氏模糊和混亂現象。

在這樣的情況下：

　　第一、個體自由、家族長輩、社團組織、知識精英、民間藝術傳人等非政府組織和個人，以自願、多樣、創造、藝術、代表性、個性化爲前提，確定能代表祖宗血緣的姓符號；確定的姓符號，自由採用一個字、兩個字、多個字；並進行加工整理、昇華潤色，形成本族群共用的祖宗血緣姓符號。

　　例如，在藏族群裡，達蘭、格桑、才旦、桑格、紮西、窮貢、洛桑、紮瓦、松贊、卓瑪、達瓦、古格、格薩爾，等等；
　　例如，在蒙古族群裡，阿順巴、帖木兒、卓索、狼、葛爾、穆薩爾、斯琴、烏雲、騰格、索額、班布林、濟、鷟、穆裡、格爾，等等；
　　例如，在維吾爾族群裡，薩塔爾、撒瑪、木卡姆、麥西木甫、卡爾蘇、塔來西、塔來提、阿依古、阿格都、司馬義、阿格賽，等等。

　　其他族群同樣。
　　這些有本族群特徵的姓符號，是不是具有“姓”作爲祖宗血緣稱謂符號的內涵？是不是作爲傳統的姓符號成立？如果是作爲姓符號成立，就可以收集整理成爲本族群姓符號的共同資源。可以爲一個家族獨用；也可以作爲多個家族共同使用；還可以爲各氏族、各族群共同使用。

　　如果這些符號還不具有姓符號的內涵，或者是作爲稱呼而存在，或者是作爲名而存在，或者是作爲傳統姓氏而存在，等等，就可以由非政府組織和個人自由注入其內涵——姓符號具有的內涵：來源、傳說、地點、年代、意義、代表人物、文字記載、認同

感、象徵意義、暗示意義，拼讀上口、本體漢字、書寫優美、便於譯音、便於注音等。

第二、在有了明確的姓符號，或與四角碼共同商議確定了姓符號的前提下，由四角碼給姓符號者研製一份《××××家族代紀（氏）符號表》（《××××家族氏符號表》）；

第三、同時，由四角碼給姓符號者研製一份《××××家族第×代順序（排）符號表》（《××××家族第×代排符號表》）；

第四、在有了家族約定的姓符號——不論是祖上傳下來的，或是精英們整理的，或是與四角碼中心共同商定的，只要具備了姓符號的內涵、並被自己家族成年人簽字認可、世代相傳、不再更改；有了《代紀（氏）符號表》、《順序（排）符號表》，新生命的命名就可以由家族的長輩給予命名了。

新生命的命名見：**四角碼基礎應用技術**。

原姓名轉位見：**四角碼姓氏排名轉位技術**。

四角碼家譜編輯技術

編輯、修補家譜，是在尋找自己的根。由本家族長輩、或本家族的知識精英、或有相關知識的本家族成員編輯、修補本家族的家譜。並命名爲《××××家譜》。

自然主義、中性、客觀地記錄本家族成員**姓·氏·排·名**的基本資訊（信息）。個人、家、家族《譜》構成各氏族的自然興旺歷程，由氏族自然興旺歷程構成族群自然興旺歷程，由族群自然興旺的歷程構成中華民族自然興旺的歷程。

只要符合四角碼結構式規則，使用阿拉伯數字、漢字數字、英語數字，或其它語言語系數字進行編號，或採用非漢語言文字編輯家譜，均是個性化的選擇。

使用能永久保存的紙張或記錄材料，永不變質的墨水，或電子文檔。最好手工製作。每年中秋前後製作，兄弟家庭各保存一套，代代相傳。父輩要傳給女兒，是個性的選擇。複製品供研究。

中秋節是中國人極其重要的節日，全家歡聚，吃月餅。其文化內涵就是在家訴說一年來的榮辱興衰，繼寫家譜。一個家族可以由分散在全世界各地的多個小家庭組成。中秋節，各個小家庭繼寫的小家譜通過互聯網在一瞬間傳到你的家族總家譜裡去。這個總家譜不僅反映的是榮辱興衰，更是家族的傳家寶。

一部電影講述由於政治和內戰原因，兄妹分離，渺無音信，哥哥改姓，妹妹嫁人。幾十年後，妹妹的兒子在第三國認識了哥哥的女兒，兩人相愛，異國結婚。又過幾年兄妹相認，才知兒女是異姓下代同祖同宗同血緣表兄妹，釀成悲劇。一部小說講姐妹分離，姐妹改姓。幾十年後，姐姐的兒子和妹妹的女兒先後考進同一所大學，倆校友師哥和師妹相戀，結成夫妻。幾年後生一畸形兒，去驗血救兒，才知倆夫妻是異姓同祖同宗同血緣的兄妹——相戀期間，你們可能先去驗 DNA、查身分證號嗎？有資料統計，在中國近 9000 萬的殘疾人中，有 90% 左右的先天性遺傳疾病是 5 代以內的近親生育，給後代和社會造成的後遺症——假如每一個家族都有一份四角碼《氏符號表》、《排符號表》世代相傳。作為一個男人，不論你和任何一個異姓有了性關係，只要你能確定這個孩子是你的孩子，你就應該給他（她）一個完整的姓（氏排）名。至於你要不要、養不養這個孩子則是另外一回事；當一個女兒要出嫁時，在她的嫁妝裡有一件重要的嫁妝，就是裝訂得非常精美的《氏符號表》和《排符號表》，叫她知道如何識別本姓本祖本宗本血緣關係。

條件：無家譜的家，或家族。

封面：××××家譜（創編者全稱）

封一：血緣符號來源（詮釋：來源、傳說、人物、時間、地點、事件、意義、象徵、認同等）

封二：××××家代紀（氏）符號表〔創編者全稱××××家代紀（氏）符號表〕

封三：家譜基本圖表示意

氏·排符號示意

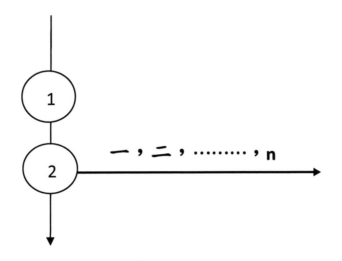

↓：血緣（姓符號）線。

○：血脈節點（存在的個人）。

1、2：代紀（氏）編號。

⟶：順序（排符號）線。

一，二：順序（排）編號。

氏・排編號指稱示意

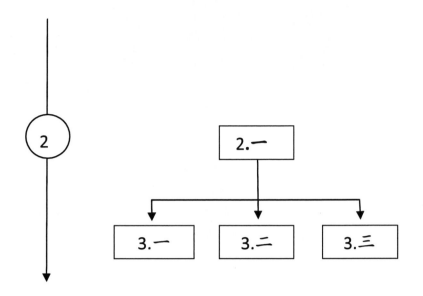

2.一：第 2 代老大，或獨子姓・氏・排・名資訊（信息）；

3.一：第 3 代老大姓・氏・排・名資訊（信息）；

3.二：第 3 代老二姓・氏・排・名資訊（信息）；

3.三：第 3 代老三姓・氏・排・名資訊（信息）。

第✕✕✕代順序符號表

一	二	三	四	五	六	七	八	九
十	十一	十二	十三	十四	十五	十六	十七	十八

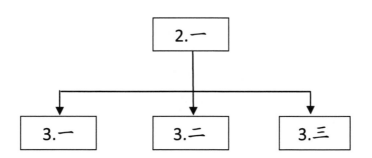

2.一：第 2 代老大姓・氏・排・名資訊（信息）；

3.一：第 3 代老大姓・氏・排・名資訊（信息）；

3.二：第 3 代老二姓・氏・排・名資訊（信息）；

3.三：第 3 代老三姓・氏・排・名資訊（信息）。

以上這一節講的是四角碼家譜編輯技術的基本格式。

您可以在空白頁裡試著編輯家譜。

四角碼家譜創編技術

條件：有口傳記憶，無家譜。

例：達蘭祖朝央陽

封面：達蘭祖朝央陽家譜

封一：

達蘭，代表神聖、潔白。第1代、獨子。

以前的情況有口傳記憶，無記錄、無傳說、無家譜。

第1代、達蘭高家明姓‧氏‧排‧名資訊（信息）。

姓符號：達蘭　　　　達蘭字姓

氏符號：第1代　　　高字氏

排符號：排序第一　　家字排

名符號：明　　　　　明字名

生於 1920 年，故於 2001 年 2 月 30 日——

閱讀：達蘭姓高字氏家字排明字名。

或，姓達蘭高字氏家字排名字明。

書寫全稱：達蘭高家明，簡稱：達蘭明，愛稱：家明。獨子。

讀音：達蘭ˋ高‧家ˋ明

（以下是按時間順序記錄的簡歷、事件、思想等）

出生地：藏西古格鎮。

育有一子　達蘭古格。

終身從事放牧業。

……

假如您是達蘭家族家譜的執筆人，您該如何編制這個家族的家譜呢？

封二：

達蘭祖朝央陽家代紀（氏）符號表

1 / 109	2 / 110	3 / 111	4 / 112	5 / 113	6 / 114	7 / 115	8 / 116	9 / 117	10 / 118	11 / 119	12 / 120
高	帝	祖	邦	惠	盈	後	呂	雉	文	恒	元
Gao	Di	Zu	Bang	Huei	Ying	Hou	Lu	Zhi	Wen	Heng	Yuan
13 / 121	14 / 122	15 / 123	16 / 124	17 / 125	18 / 126	19 / 127	20 / 128	21 / 129	22 / 130	23 / 131	24 / 132
景	啓	中	武	徹	建	光	朔	狩	鼎	封	初
Jing	Qi	Zhong	Wu	Che	Jian	Guang	Shuo	Shou	Ding	Feng	Chu
25 / 133	26 / 134	27 / 135	28 / 136	29 / 137	30 / 138	31 / 139	32 / 140	33 / 141	34 / 142	35 / 143	36 / 144
太	天	漢	始	征	鶴	昭	馥	陵	風	平	地
Tai	Tian	Han	Shi	Zheng	He	Zhao	Fu	Ling	Feng	Ping	Di
37 / 145	38 / 146	39 / 147	40 / 148	41 / 149	42 / 150	43 / 151	44 / 152	45 / 153	46 / 154	47 / 155	48 / 156
節	康	神	爵	甘	露	煌	龍	宣	詢	奭	永
Jie	Kang	Shen	Jue	Gan	Lu	Huang	Long	Xuan	Xun	Shi	Yong

131

49 / 157	50 / 158	51 / 159	52 / 160	53 / 161	54 / 162	55 / 163	56 / 164	57 / 165	58 / 166	59 / 167	60 / 168
競	寧	成	驁	河	陽	鴻	嘉	延	緩	靄	欣
Jing	Ning	Cheng	Ao	He	Yang	Hong	Jia	Yan	Huan	Ai	Xin
61 / 169	62 / 170	63 / 171	64 / 172	65 / 173	66 / 174	67 / 175	68 / 176	69 / 177	70 / 178	71 / 179	72 / 180
壽	衍	新	儒	子	嬰	旺	莽	攝	政	居	國
Shou	Kan	Xin	Ru	Zi	Ying	Wang	Mang	She	Zheng	Ju	Guo
73 / 181	74 / 182	75 / 183	76 / 184	77 / 185	78 / 186	79 / 187	80 / 188	81 / 189	82 / 190	83 / 191	84 / 192
黃	更	玄	曲	秀	明	莊	水	章	炟	肇	興
Huang	Geng	Xuan	Qu	Xiou	Ming	Zhuang	Shui	Zhang	Da	Zhao	Xing
85 / 193	86 / 194	87 / 195	88 / 196	89 / 197	90 / 198	91 / 199	92 / 200	93 / 201	94 / 202	95 / 203	96 / 204
姍	隆	安	祜	順	鮑	沖	炳	質	纘	本	桓
Shang	Long	An	Hu	Shun	Bao	Chong	Bing	Zhi	Zuan	Ben	Huan
97 / 205	98 / 206	99 / 207	100 / 208	101 / 209	102 / 210	103 / 211	104 / 212	105 / 213	106 / 214	107 / 215	108 / 216
梓	熙	獻	燮	曹	辰	睿	欽	齊	芳	正	貴
Zhi	Xi	Xian	Xie	Cao	Chen	Rui	Qin	Qi	Fang	Zheng	Gui

封三：

達蘭祖朝央陽家譜基本圖表

達蘭祖朝央陽家譜氏‧排圖表示意

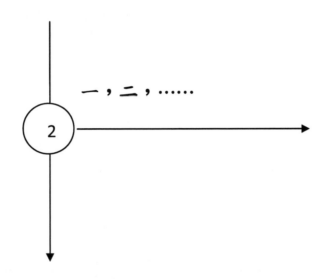

↓：達蘭家血脈線；

○：達蘭家血脈節點；

2 ：達蘭家第 2 代；

→：達蘭家第 2 代順序線；

一，二：達蘭家第 2 代排序老大、老二。

達蘭祖朝央陽家譜氏・排編號指稱

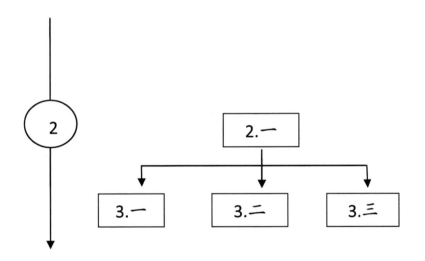

2.一：達蘭家第 2 代獨子姓・氏・排・名資訊（信息）；

3.一：達蘭家第 3 代老大姓・氏・排・名資訊（信息）；

3.二：達蘭家第 3 代老二姓・氏・排・名資訊（信息）；

3.三：達蘭家第 3 代老三姓・氏・排・名資訊（信息）。

達蘭祖朝央陽家第 3 代順序符號表

一	二	三	四	五	六	七
朝	辭	白	帝	彩	雲	間
zhao	ci	bai	di	cai	yun	Jian

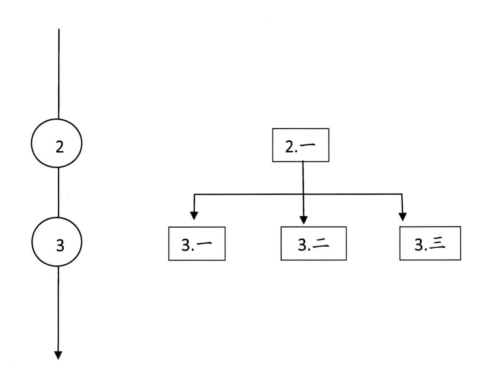

2.一：第2代、達蘭帝古格姓・氏・排・名資訊（信息）。

姓符號：達蘭　　　　達蘭字姓

氏符號：第2代　　　　帝字氏

排符號：排序第一　　　古字排

名符號：格　　　　　　格字名

　　　　　生於1950年——

　　閱讀：達蘭姓帝字氏古字排格字名。

　　　　或，姓達蘭帝字氏古字排名字格。

書寫全稱：達蘭帝古格，簡稱：達蘭格，愛稱：古格。獨子。

　　讀音：達蘭ˋ帝・古ˋ格

（以下是按時間順序記錄的簡歷、事件、思想等）

出生地：藏西古格鎮。

自幼隨達蘭高家明從事放牧業。

1974年與同鎮王木匠長女王春霞結婚。

育有二子一女：祖朝央陽、祖朝央雲、祖朝央宗。

現居家。

任古格鎮治保委員。

……

3.一：第 3 代、達蘭祖朝央陽姓‧氏‧排‧名資訊（信息）。

姓符號：達蘭　　　　達蘭字姓

氏符號：第 3 代　　　祖字氏

排符號：排序第一　　朝字排

名符號：央陽　　　　央陽字名

　　　　生於 1975 年 12 月 1 日──

　　閱讀：達蘭姓祖字氏朝字排央陽字名。

　　　　或，姓達蘭祖字氏朝字排名字央陽。

書寫全稱：達蘭祖朝央陽，簡稱：達蘭央陽，愛稱：朝央陽。

　　　　獨子。

　　讀音：達蘭`祖‧朝`央陽

（以下是按時間順序記錄的簡歷、事件、思想等）

出生地：藏西古格鎮。

古格鎮第一小學、古格鎮中心學校小學、初中、高中畢業。

西安民族學院藏語系語言文學專業。

現任藏西大學藏語言文學副教授、古格鎮文化研究所副所長。

著有《古格佛教探源》。

與同班同學林小楓結婚，育一子：幫千陽。

……

3.二：第三代、達蘭祖辭央雲姓·氏·排·名資訊（信息）。

姓符號：達蘭　　　　達蘭字姓

氏符號：第 3 代　　　祖字氏

排符號：排序第二　　辭字排

名符號：央雲　　　　央雲字名

　　　　生於 1978 年 9 月 1 日——

　閱讀：達蘭姓祖字氏辭字排央雲字名。

　　　或，姓達蘭祖字氏辭字排名字央雲。

書寫全稱：達蘭祖辭央雲，簡稱：達蘭央雲，愛稱：辭央雲。

　讀音：達蘭ˋ祖·辭ˋ央雲

（以下是按時間順序記錄的簡歷、事件、思想等）

出生地：藏西古格鎮。

……

3.三：第三代、達蘭祖辭央宗姓・氏・名資訊（信息）。

姓符號：達蘭　　　　達蘭字姓

氏符號：第 3 代　　　祖字氏

排符號：排行第三　　辭字排

名符號：央宗　　　　央宗字名

　　　　生於 1980 年 11 月 8 日——

　閱讀：達蘭姓祖字氏辭字排央宗字名。

　　　或，姓達蘭祖字氏辭字排名字央宗。

書寫全稱：達蘭祖辭央宗，簡稱：達蘭央宗，愛稱：辭央宗。

　　　　長女。

　讀音：達蘭ˋ祖・辭ˋ央宗

（以下是按時間順序記錄的簡歷、事件、思想等）

出生地：藏西古格鎮。

　　……

達蘭祖朝央陽家第 4 代順序符號表

一	二	三	四	五	六	七
千	裡	江	陵	一	日	還
Qian	Li	Jiang	Ling	Yi	Ri	Huan

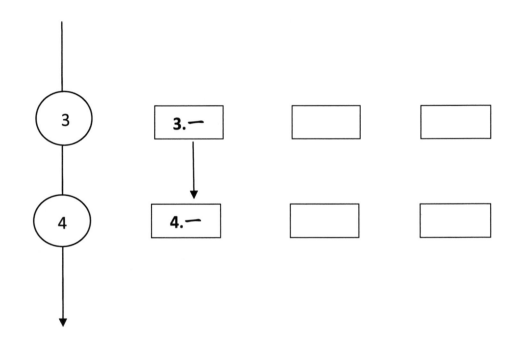

4.一：第 4 代、達蘭幫千陽姓・氏・排・名資訊（信息）。

姓符號：達蘭　　　　達蘭字姓

氏符號：第 4 代　　　幫字氏

排符號：排行第一　　千字排

名符號：陽　　　　　陽字名

　　　　生於 2002 年 1 月 20 日——

　閱讀：達蘭姓幫字氏千字排陽字名。

　　　或，姓達蘭幫字氏千字排名字陽。

書寫全稱：達蘭幫千陽，簡稱：達蘭陽，愛稱：千陽。長子。

　讀音：達蘭ˋ幫・千ˋ陽

（以下是按時間順序記錄的簡歷、事件、思想等）

出生地：藏西古格鎮。

……

閱讀到這裡，您就閱讀了達蘭家族4代人的家譜，

您就編寫了4代人的家譜，

您就學會了編寫您自家的家譜。

四角碼家譜轉位技術

條件：已知家譜完整。

二字姓名、三字姓名、複姓名、多字姓名，同姓同名甚多，不便於交流，不能區分血緣、代紀關係、同代排序關係，不便於開放，給公共管理造成諸多不便。130 萬個劉波，你能分清哪個劉波是哪個劉波？在 1.83 億李姓中，你能知道哪個李姓是哪個李姓？在國務院總理李鵬、記者李鵬、罪犯李鵬中，僅就李鵬姓名而言，你能分清哪個李鵬是哪個李鵬？由於開放、漢字的簡體化、以及現代文化趨向於簡單、網絡、電腦化，中國人的姓名也就趨向於簡單化。因此，同姓同名越來越多，這就給交流、公共關係、法律、社會管理造成了越來越多的不方便；對人與人之間的往來造成越來越多的誤解；由於誤解和不方便，使得近親現象成為誰都沒有責任的無知。家譜轉位技術就成為社會發展、法律、公共關係，以及提高中國人素質的基本要求。

轉位：自家認同從第××代開始使用四角碼結構式。

封面：同"創編"。
封一：同"創編"。
封二：同"創編"。
封三：同"創編"。

家譜轉位技術

例：

封面：劉曲維賓家譜

封一：

李姓 b44 祖上是隨漢帝劉邦進兵長安士兵。

祖傳原籍爲四川、湖南、湖北交界處土家族"高"姓人。劉邦當上皇帝後，就由原"高"姓改爲"劉"姓。至父一代，已傳至第75 代，原家譜完整。由於同姓同名不能區分此劉姓與彼劉姓的血緣關係，更不便於開放交流，遂經現在劉姓家譜中 119 名成年成員一致決定，從第 76 代開始使用"中華姓名四角碼結構式"命名、編輯家譜。

封二：

劉曲維賓家代紀符號表

1 /109	2 /110	3 /111	4 /112	5 /113	6 /114	7 /115	8 /116	9 /117	10 /118	11 /119	12 /120
高	帝	祖	邦	惠	盈	後	呂	雉	文	恒	元
Gao	Di	Zu	Bang	Huei	Ying	Hou	Lu	Zhi	Wen	Heng	Yuan
13 /121	14 /122	15 /123	16 /124	17 /125	18 /126	19 /127	20 /128	21 /129	22 /130	23 /131	24 /132
景	啓	中	武	徹	建	光	朔	狩	鼎	封	初
Jing	Qi	Zhong	Wu	Che	Jian	Guang	Shuo	Shou	Ding	Feng	Chu
25 /133	26 /134	27 /135	28 /136	29 /137	30 /138	31 /139	32 /140	33 /141	34 /142	35 /143	36 /144
太	天	漢	始	征	鶴	昭	馥	陵	風	平	地
Tai	Tian	Han	Shi	Zheng	He	Zhao	Fu	Ling	Feng	Ping	Di
37 /145	38 /146	39 /147	40 /148	41 /149	42 /150	43 /151	44 /152	45 /153	46 /154	47 /155	48 /156
節	康	神	爵	甘	露	煌	龍	宣	詢	奭	永
Jie	Kang	Shen	Jue	Gan	Lu	Huang	Long	Xuan	Xun	Shi	Yong

49 / 157	50 / 158	51 / 159	52 / 160	53 / 161	54 / 162	55 / 163	56 / 164	57 / 165	58 / 166	59 / 167	60 / 168
競	寧	成	驁	河	陽	鴻	嘉	延	緩	靄	欣
Jing	Ning	Cheng	Ao	He	Yang	Hong	Jia	Yan	Huan	Ai	Xin
61 / 169	62 / 170	63 / 171	64 / 172	65 / 173	66 / 174	67 / 175	68 / 176	69 / 177	70 / 178	71 / 179	72 / 180
壽	衎	新	儒	子	嬰	旺	莽	攝	政	居	國
Shou	Kan	Xin	Ru	Zi	Ying	Wang	Mang	She	Zheng	Ju	Guo
73 / 181	74 / 182	75 / 183	76 / 184	77 / 185	78 / 186	79 / 187	80 / 188	81 / 189	82 / 190	83 / 191	84 / 192
黃	更	玄	曲	秀	明	莊	水	章	炟	肇	興
Huang	Geng	Xuan	Qu	Xiou	Ming	Zhuang	Shui	Zhang	Da	Zhao	Xing
85 / 193	86 / 194	87 / 195	88 / 196	89 / 197	90 / 198	91 / 199	92 / 200	93 / 201	94 / 202	95 / 203	96 / 204
姍	隆	安	祐	順	鮑	沖	炳	質	纘	本	桓
Shang	Long	An	Hu	Shun	Bao	Chong	Bing	Zhi	Zuan	Ben	Huan
97 / 205	98 / 206	99 / 207	100 / 208	101 / 209	102 / 210	103 / 211	104 / 212	105 / 213	106 / 214	107 / 215	108 / 216
梓	熙	獻	燮	曹	辰	睿	欽	齊	芳	正	貴
Zhi	Xi	Xian	Xie	Cao	Chen	Rui	Qin	Qi	Fang	Zheng	Gui

封三：

劉曲維賓家家譜基本圖表

家譜氏・排符號示意

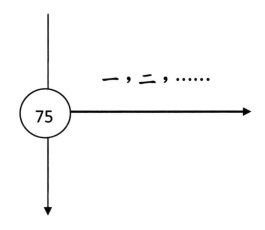

↓：劉曲家血脈線。

○：劉曲家血脈節點。

75：劉曲家代紀（氏）編號。

→：劉曲家同代順序線。

一，二：劉曲家同代順序（排）編號。

氏・排編號指稱示意

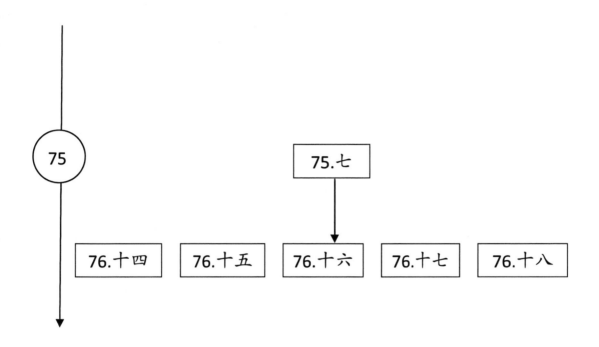

75.七：劉曲家第 75 代老七姓・氏・排・名資訊（信息）；

76.十四：劉曲家第 76 代老十四姓・氏・排・名資訊（信息）；

76.十五：劉曲家第 76 代老十五姓・氏・排・名資訊（信息）；

76.十六：劉曲家第 76 代老十六姓・氏・排・名資訊（信息）；

76.十七：劉曲家第 76 代老十七姓・氏・排・名資訊（信息）。

劉曲維賓家第 76 代順序（排）符號表

一	二	三	四	五	六	七	八	九	十	十一
街	頭	巷	尾	等	因	奉	此	同	甘	共
Jie	Tou	Xian	Wei	Deng	Yin	Feng	Ci	Tong	Gan	Gong
十二	十三	十四	十五	十六	十七	十八	十九	二十	二十一	二十二
苦	形	象	思	維	煙	消	雲	散	玉	皇
Ku	Xing	Xiang	Si	Wei	Yan	Xiao	Yun	San	Yu	Huang
二十三	二十四	二十五	二十六	二十七	二十八	二十九	三十	三十一	三十二	三十三
大	帝	自	力	更	生	靈	丹	妙	藥	好
Da	Di	Zi	Li	Geng	Sheng	Ling	Dan	Miao	Yao	Hao

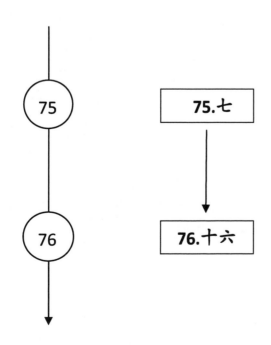

75.七：劉玄明。見家傳《家譜》。

76.一：劉曲街燈。堂姐姓・氏・排・名資訊（信息）。

76.二：劉曲頭佳。堂姐姓・氏・排・名資訊（信息）。

76.三：劉曲巷陽。堂兄姓・氏・排・名資訊（信息）。

76.三：劉曲尾芳。堂姐姓・氏・排・名資訊（信息）。

76.五：劉曲等玉。堂姐姓・氏・排・名資訊（信息）。

76.六：劉曲因榮。堂姐姓・氏・排・名資訊（信息）。

76.七：劉曲奉華。堂姐姓・氏・排・名資訊（信息）。

76.八：劉曲此富。堂兄姓・氏・排・名資訊（信息）。

76.九：劉曲同貴。堂兄姓・氏・排・名資訊（信息）。

76.十：劉曲甘孝。堂兄姓・氏・排・名資訊（信息）。

76.十一：劉曲共悌。堂姐姓・氏・排・名資訊（信息）。

76.十二：劉曲苦忠。堂兄姓・氏・排・名資訊（信息）。

76.十三：劉曲形信。堂兄姓・氏・排・名資訊（信息）。

76.十四：劉曲象仁。堂兄姓・氏・排・名資訊（信息）。

76.十五：劉曲思義。堂兄姓・氏・排・名資訊（信息）。

76.十六：第 76 代、劉曲維賓姓‧氏‧排‧名資訊（信息）。

姓符號：劉　　　　　劉字姓

氏符號：第 76 代　　　曲字氏

排符號：排行第十六　　維字排

名符號：賓　　　　　賓字名

　　　　生於 1968 年 7 月 6 日——

　閱讀：劉字姓曲字氏維字排賓字名。

　　　或，姓字劉曲字氏維字排名字賓。

書寫全稱：劉曲維賓，簡稱：劉賓，愛稱：維賓。長子。

　讀音：劉ˋ曲‧維ˊ賓

（以下是按時間順序記錄的簡歷、事件、思想等）

出生地：河南省洛陽市三陽區。

先後在三陽區第一小學、河陽中學讀小學、中學、高中。

日本早稻田大學工程技術學院機床專業 89-95 屆畢業。

河南省鄭州新鄭工具廠技術員、技術科長、副廠長。

與日本國通產省職員美惠子結婚。

育有一子一女：秀月亮、秀思雨。

……

劉曲維賓家第 77 代順序符號表

一	二	三	四	五	六	七	八	九	十
床	前	榮	陽	光	疑	是	地	上	霜
Chuang	Qian	Xing	Yang	Guang	Yi	Shi	Di	Shang	Shuang
十一	十二	十三	十四	十五	十六	十七	十八	十九	二十
舉	首	望	明	月	低	頭	思	故	鄉
Ju	Shou	Wang	Ming	Yue	Di	Tou	Si	Gu	Xiang

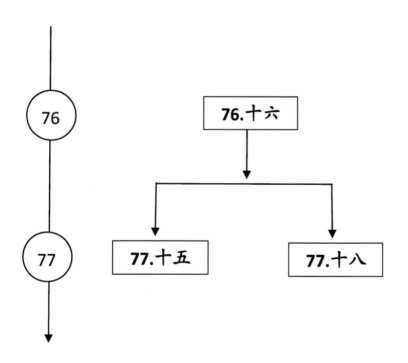

77.十五：第 77 代、劉秀月亮姓·氏·排·名資訊（信息）。

姓符號：劉　　　　劉字姓

氏符號：第 77 代　　秀字氏

排符號：排序十五　　月字排

名符號：亮　　　　亮字名

　　　　生於 1998 年 8 月 10 日——

　閱讀：劉字姓秀字氏月字排亮字名。

　　　或，姓字劉秀字氏月字排名字亮。

書寫全稱：劉秀月亮，簡稱：劉亮，愛稱：月亮。長子。

　讀音：劉ˋ秀·月ˋ亮

（以下是按時間順序記錄的簡歷、事件、思想等）

出生地：河南省鄭州市。

……

77.十八：第77代、劉秀思雨姓·氏·排·名資訊（信息）。

姓符號：劉　　　劉字姓

氏符號：第77代　　秀字氏

排符號：排序十八　思字排

名符號：雨　　　雨字名

　　　　生於2003年10月10日——

　閱讀：劉字姓秀字氏思字排雨字名。

　　　或，姓字劉秀字氏思字排名字雨。

　全稱：劉秀思雨，簡稱：劉雨，愛稱：思雨。長女。

　讀音：劉ˋ秀·思ˋ雨

（以下是按時間順序記錄的簡歷、事件、思想等）

出生地：河南省鄭州市。

……

閱讀到這裡，您知道了劉曲維賓家族的家譜是怎樣轉位的，

您就編寫了劉曲維賓家族的家譜，

您就學會了家譜轉位技術。

四角碼家譜補充技術

條件：因各種原因遺失、丟失家譜，或家譜不全。

補充：自家族認同從××代開始使用四角碼。由補充者姓（氏排）名全稱命名家譜。

封面：同"創編"；
封一：同"創編"；
封二：同"創編"；
封三：同"創編"。

家譜補充技術。例：

封面：東方建霜波家譜

封一：東方家族祖籍哈爾濱市。父爲家族第 17 代。父傳，祖上是海參崴人，以捕魚爲生，第 8 代遷徙到哈爾濱市。父是 1955 年響應國家號召到秦巴山區建設國家戰略基地。2008 年 5 月 12 日 14 時 28 分，四川汶川大地震毀了家，父死于地震。家譜全丟失。遂經倖存於各地的家族 42 名成員商定，從第 18 代起始用"中華姓氏四角碼結構式"命名、編輯家譜。

封二：

東方建霜波家代紀符號表

1 /109	2 /110	3 /111	4 /112	5 /113	6 /114	7 /115	8 /116	9 /117	10 /118	11 /119	12 /120
高	帝	祖	邦	惠	盈	後	呂	雉	文	恒	元
Gao	Di	Zu	Bang	Huei	Ying	Hou	Lu	Zhi	Wen	Heng	Yuan
13 /121	14 /122	15 /123	16 /124	17 /125	18 /126	19 /127	20 /128	21 /129	22 /130	23 /131	24 /132
景	啓	中	武	徹	建	光	朔	狩	鼎	封	初
Jing	Qi	Zhong	Wu	Che	Jian	Guang	Shuo	Shou	Ding	Feng	Chu
25 /133	26 /134	27 /135	28 /136	29 /137	30 /138	31 /139	32 /140	33 /141	34 /142	35 /143	36 /144
太	天	漢	始	征	鶴	昭	馥	陵	風	平	地
Tai	Tian	Han	Shi	Zheng	He	Zhao	Fu	Ling	Feng	Ping	Di
37 /145	38 /146	39 /147	40 /148	41 /149	42 /150	43 /151	44 /152	45 /153	46 /154	47 /155	48 /156
節	康	神	爵	甘	露	煌	龍	宣	詢	奭	永
Jie	Kang	Shen	Jue	Gan	Lu	Huang	Long	Xuan	Xun	Shi	Yong

49 / 157	50 / 158	51 / 159	52 / 160	53 / 161	54 / 162	55 / 163	56 / 164	57 / 165	58 / 166	59 / 167	60 / 168
競	寧	成	鶩	河	陽	鴻	嘉	延	緩	靄	欣
Jing	Ning	Cheng	Ao	He	Yang	Hong	Jia	Yan	Huan	Ai	Xin
61 / 169	62 / 170	63 / 171	64 / 172	65 / 173	66 / 174	67 / 175	68 / 176	69 / 177	70 / 178	71 / 179	72 / 180
壽	衎	新	儒	子	嬰	旺	莽	攝	政	居	國
Shou	Kan	Xin	Ru	Zi	Ying	Wang	Mang	She	Zheng	Ju	Guo
73 / 181	74 / 182	75 / 183	76 / 184	77 / 185	78 / 186	79 / 187	80 / 188	81 / 189	82 / 190	83 / 191	84 / 192
黃	更	玄	曲	秀	明	莊	水	章	炟	肇	興
Huang	Geng	Xuan	Qu	Xiou	Ming	Zhuang	Shui	Zhang	Da	Zhao	Xing
85 / 193	86 / 194	87 / 195	88 / 196	89 / 197	90 / 198	91 / 199	92 / 200	93 / 201	94 / 202	95 / 203	96 / 204
姍	隆	安	祐	順	鮑	沖	炳	質	纘	本	桓
Shang	Long	An	Hu	Shun	Bao	Chong	Bing	Zhi	Zuan	Ben	Huan
97 / 205	98 / 206	99 / 207	100 / 208	101 / 209	102 / 210	103 / 211	104 / 212	105 / 213	106 / 214	107 / 215	108 / 216
梓	熙	獻	燮	曹	辰	睿	欽	齊	芳	正	貴
Zhi	Xi	Xian	Xie	Cao	Chen	Rui	Qin	Qi	Fang	Zheng	Gui

封三：

東方建霜波家家譜基本圖表

家譜氏・排符號示意

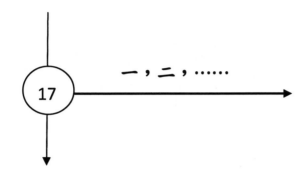

↓：東方家血脈線。

○：東方家血脈節點。

17：東方家代紀（氏）編號。

→：東方家同代順序線。

一，二：東方家同代順序（排）編號。

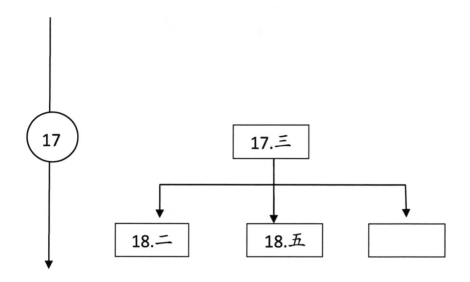

家譜氏‧排編號指稱示意

17.三：第 17 代老三姓‧氏‧排‧名資訊（信息）。

18.二：第 18 代老三姓‧氏‧排‧名資訊（信息）。

18.五：第 18 代老五姓‧氏‧排‧名資訊（信息）。

第 18 代順序（排）符號表

一	二	三	四	五	六	七	八	九	十
姑	蘇	城	外	寒	山	寺	夜	半	鐘
Gu	Su	Cheng	Wai	Han	Shan	Shi	Ye	Ban	Zhong
十一	十二	十三	十四	十五	十六	十七	十八	十九	二十
床	前	明	月	光	疑	是	地	上	霜
Chuang	Qian	Ming	Yue	Guang	Yi	Shi	Di	Shang	Shuang

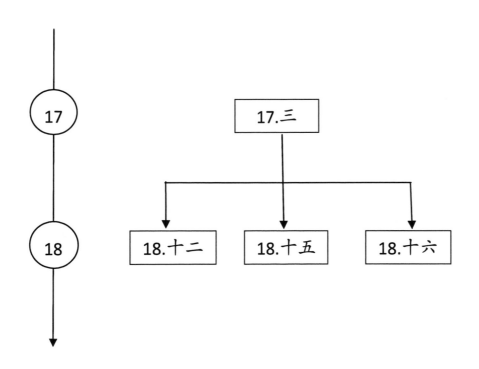

17.三：第 17 代、東方徹姓‧氏‧排‧名資訊（信息）。

姓符號：東方

氏符號：

排符號：

名符號：徹

1926 年──2008 年 5 月 12 日 14 時 28 分。

　（以下是按時間順序記錄的簡歷、事件、思想等）

原家譜在地震中丟失。

……

18.二：第 18 代、東方建前功姓・氏・排・名資訊（信息）。

姓符號：東方　　　　東方字姓

氏符號：第 18 代　　　建字氏

排符號：排序第二　　　前字排

名符號：功　　　　　　功字名

　　　　　生於 1957 年 7 月 11 日——

　閱讀：東方姓建字氏前字排功字名。

　　　　或，姓東方建字氏前字排名字功。

　全稱：東方建前功，簡稱：東方功，愛稱：前功。長子。

　讀音：東方ˋ建・前ˋ功

　　（以下是按時間順序記錄的簡歷、事件、思想等）

出生地：四川省綿陽市。

先後就讀於四川省綿陽市城南小學、綿陽市第 7 中學。

哈爾濱軍事工程學院。

核工業部第 7 研究所擔任技術員。

核工業部第 8 研究所工程師。

中組部授予"抗震救災優秀共產黨員"稱號。

與四川羌族群歌手馮曉蘭結婚。

育有二子：光江水、光啼鳴。

……

18.十五：第 18 代、東方建光明姓‧氏‧排‧名資訊（信息）。

姓符號：東方　　　　東方字姓

氏符號：第 18 代　　　建字氏

排符號：排序十五　　　光字排

名符號：明　　　　　　明字名

　　　　　生於 1960 年 10 月 1 日──

　　　　　亡於 2008 年 5 月 12 日　14 時 28 分。

　閱讀：東方姓建字氏光字排明字名。

　　　　或，姓東方建字氏光字排名字明。

　全稱：東方建光明，簡稱：東方光明，愛稱：光明。長女。

　讀音：東方ˋ建‧光ˋ明

（以下是按時間順序記錄的簡歷、事件、思想等）

出生地：四川綿陽市。

生前是四川省綿陽市漢旺中學地理教師。

……

18.十六：第 18 代、東方建凝望姓·氏·排·名資訊（信息）。

姓符號：東方　　　　東方字姓

氏符號：第 18 代　　　建字氏

排符號：排序十六　　　凝字排

名符號：望　　　　　　望字名

　　　　生於 1970 年 1 月 10 日——

　　　　亡於 2008 年 5 月 12 日　14 時 28 分。

　閱讀：東方姓建字氏凝字排望字名。

　　　　或，姓東方建字氏凝字排名字望。

　全稱：東方建凝望，簡稱：東方凝望，愛稱：凝望。次女。

　讀音：東方ˋ建·凝ˋ望

（以下是按時間順序記錄的簡歷、事件、思想等）

出生地：四川省綿陽市。

生前是四川省綿陽市漢旺中學數學教師。

……

第 19 代順序（排）符號表

一	二	三	四	五	六	七	八	九	十
月	落	烏	啼	霜	滿	天	鴻	楓	鰅
Yue	Luo	Wu	Ti	Shuang	Man	Tian	Hong	Feng	Yu

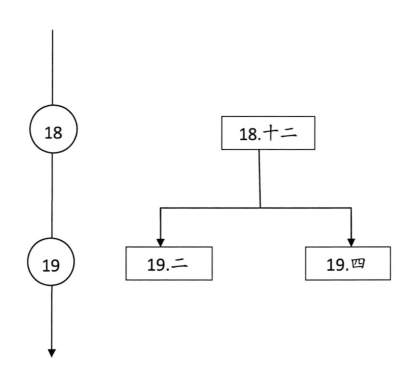

19.二：第 19 代、東方光江水姓‧氏‧排‧名資訊（信息）。

姓符號：東方　　　　東方字姓

氏符號：第 19 代　　　光字氏

排符號：排序第二　　　江字排

名符號：水　　　　　　水字名

　　　　生於 1988 年 9 月 3 日——

　閱讀：東方姓光字氏江字排水字名。

　　　　或，姓東方姓光字氏江字排名字水。

書寫全稱：東方光江水，簡稱：東方江水，愛稱：江水。長子。

　讀音：東方‵光•江‵水

（以下是按時間順序記錄的簡歷、事件、思想等）

出生地：四川省綿陽市。

四川省綿陽市城北第 2 小學、綿陽市第 27 中學畢業。

現就讀於北京航空航天大學。

……

19.四：第 19 代、東方光啼鳴姓・氏・排・名資訊（信息）。

姓符號：東方　　　　東方字姓
氏符號：第 19 代　　　光字氏
排符號：排序第四　　　啼字排
名符號：鳴　　　　　　鳴字名
　　　　　生於 1997 年 7 月 1 日——
　閱讀：東方姓光字氏啼字排鳴字名。
　　　或，姓東方光字氏啼字排名字鳴。
書寫全稱：東方光啼鳴，簡稱：東方啼明，愛稱，啼鳴。次子。
　讀音：東方ˋ光・啼ˋ鳴

（以下是按時間順序記錄的簡歷、事件、思想等）
出生地：四川省綿陽市。
……

　　中華姓名四角碼結構式揭示的是發祥和生存於中華大地的一個一個具體的人，構成無數個家，無數個家構成無數個家族，無數個家族構成無數個氏族，無數個氏族構成 56 個族群（或多族群），56 個族群（或多族群）長成爲中華民族這顆參天大樹，這顆大樹的根是黃帝血緣。

構思於 2000 年 08 月

初稿於 2008 年 05 月

修改於 2012 年 10 月

定稿於 2015 年 12 月

後記

　　《中華姓名四角碼結構式》從最初的姓名學研究到正式出版已經 20 年了。它是每一個中國家庭必備的家用讀物，是中國人尋根問祖的依據——在中華民族 6000 年的演進中，用結構論的方法，從血緣認同的最深刻之處研究中國人的姓名結構、家譜結構、家族結構、氏族結構、族群結構、民族結構僅此開端。

　　這個“開端”本應在 150 年前就出版，由於在這 150 年中所有的中國人都忙於搞革命；近 40 多年來又都忙於搞經濟，而且搞經濟的時間還要延續 100 年以上，這樣，就沒有人來思考姓名結構這個常識性的問題，但是，它又是所有的中國人不得不面對的問題——人口越來越多、世界越來越開放，將這個“開端”呈獻給所有中國人的不是這本書，而要將這本書呈獻給讀者的鄧志傑、張輝潭、徐錦淳、林榮威、吳適意、林孟侃、蔡晴如、張禮南、何佳諠、李莉吟、莊博亞、劉育姍、黃姿虹、黃麗穎、劉承薇、林金郎、曾千熏等一大批在幕後默默辛勞的同仁。